城投公司薪酬改革实务手册

◎顶层设计
◎落地实施

王广庆　王倩　主编

哈尔滨出版社
HARBIN PUBLISHING HOUSE

图书在版编目（CIP）数据

城投公司薪酬改革实务手册/王广庆，王倩主编
. -- 哈尔滨:哈尔滨出版社，2023.10
ISBN 978-7-5484-7618-4

Ⅰ. ①城… Ⅱ. ①王… ②王… Ⅲ. ①城市建设—投
资公司—工资管理—中国—手册 Ⅳ. ①F299.23-62

中国国家版本馆 CIP 数据核字(2023)第 197689 号

书　名：**城投公司薪酬改革实务手册**
CHENGTOU GONGSI XINCHOU GAIGE SHIWU SHOUCE

作　者：王广庆　王　倩　主编
责任编辑：韩伟锋
装帧设计：武汉里仁为美科技有限公司

出版发行：哈尔滨出版社(Harbin Publishing House)
社　　址：哈尔滨市香坊区泰山路 82-9 号　邮编：150090
经　　销：全国新华书店
印　　刷：涿州市荣升新创印刷有限公司
网　　址：www.hrbcbs.com
E - mail：hrbcbs@yeah.net
编辑版权热线：(0451) 87900271　87900272

开　　本：710mm×1000mm　1/16　印张：8.25　字数：100 千字
版　　次：2023 年 10 月第 1 版
印　　次：2023 年 10 月第 1 次印刷
书　　号：ISBN 978-7-5484-7618-4
定　　价：66.00 元

《城投公司薪酬改革实务手册》编委会

主　编　　王广庆　　　王　倩

编　委　（排名不分先后）

徐珍霞　　　吴　玮　　　郝中中　　　丁　岳

路　琪　　　周卫平　　　吕　灿　　　刘子庚

吕雨慧　　　刘　洋　　　马晓兰　　　陈晓萍

张　瑶　　　吴　真　　　王楠楠　　　凌丽敏

2015 年，第一次与广庆总合作，是帮我们企业量身打造了包括战略规划、集团管控、薪酬绩效考核办法以及人力资源规划等系列方案。我们就像拿到了一套武功秘籍，按照方案去治理当时杂乱无序的企业。两年后，企业在同行业中脱颖而出。当看到这本《城投公司薪酬改革实务手册》后，作为一名城投企业管理者，读后有一种"如遇知音、终成莫逆"的感觉。

该书逻辑严谨、框架有条理，具有很强的针对性、指导性、实操性。书中将国家薪酬改革产业政策与案例分析相结合，既有理论的高度，又有全局的广度；而"薪酬体系与薪酬元素构成、企业负责人及董监高薪酬设计要点、经理层任期制和契约化管理、职业经理人、中层员工、特殊人才薪酬设计"等章节更体现了实践的深度，答疑解惑，指点迷津，对进一步深化落实国企改革、推进城投类公司市场化转型具有重大意义和指导作用。

"与高人为伍，与智者同行"。王总十多年来一直深耕于城投企业改革研究领域，是城投公司薪酬体系改革的先行者、探索者和实践者，这本实务手册正是他多年研究的成果和心得。"授人以鱼不如授人以渔"，在这里，我真诚向企业负责人、高管及人力资源从业者推荐这本实务手册，我相信每一个开卷者一定会从中受益，让我们一起为推进企业改革而共同努力。

山东宁阳统筹城乡发展有限公司 副总经理

前　言

　　说起管理咨询工作，大家对行业的认识多集中于"发现问题、分析问题、解决问题"，这也是我们工作的逻辑基础。城望集团近几年以"融资""融智"业务为主线，为各级政府单位、国有企业提供政策咨询、体制改革、融资策划、城投转型咨询，通过与各级城投公司保持长期友好合作关系，应用城望独创的研究方法对企业进行调研、诊断，找出存在的问题、分析产生问题的原因、撰写解决方案并辅导方案落地实施，以达到解决问题、促进企业市场化转型、推动企业健康稳健发展的目的。

　　我们在国企改革背景下开展管理咨询服务。2020—2022年是国企改革三年行动时期，城望集团为各级政府、重点国企提供覆盖改革重点任务的全流程咨询服务，包括但不限于组织变革、内部管控、战略规划、投融资、薪酬绩效、产业规划等。国企改革三年行动成效显著，做好国企改革三年行动总结评估、巩固提升改革成果，扎实推进新一轮国企改革深化提升行动，是做强做优做大国有资本和国有企业的下一步工作计划。

　　写书背景。回顾国企改革进度与成效，国有企业真正按市场化机制运营是激发企业活力、提高企业经济效益的关键。国有企业的薪酬改革与国有企业转换经营机制、建立现代企业制度等各项工作需统筹考虑、稳妥推进。深化人事、劳动、分配三项制度改革，设置适应国有企业发展要求、与业务相匹配、具有竞争力的薪酬绩效体系，建立"干部能上能下、员工能进能出、收入能增能减"的用人机制，才能为国有企业市场化运营提供人力资源储备和智库支持，保障国有企业市场化转型稳步推进。

　　写书原因。城投公司作为地方政府出资并监管市场化转型发展的国有企业，是国企改革三年行动的主力军，其薪酬体系要兼顾政策要求、市场化和激励性，分配原则当坚持"按劳分配为主，效率优先、兼顾公平"。但在实践中，我们发现大多城投公司薪酬改革普遍存在管理决策上行政化、人力资源结构复杂、人员身份多样化、业务交叉、薪酬结构单一、平均主义严重、缺乏激励机制、工资总额受预算控制与企业造血能力弱双重掣肘等问题。各企业在进行薪酬改革之际，常常缺乏全局观念和系统设计，未从企业战略整体出发，发现问题便打个补丁的情况时有发生，导致薪酬改革与企业经营实际脱钩、与企业发展阶段脱节、落地执行无果。

书籍内容。城望集团敏锐感知市场经济与政策环境的变化，捕捉城投公司薪酬改革领先的管理理论、方法和工具，并将市场化运营、政策要求与实践经验紧密结合，对城投公司薪酬改革问题提出建议，总结城投公司工资总额决定机制与管理办法、薪酬体系与薪酬元素构成，并按照企业负责人与董监高、经理层、职业经理人、中基层员工（即中层部门负责人和一般员工）、特殊引进人才五种类型设计薪酬体系，从政策核心内容到落地实施难点，融入城投公司关注的热点问题，以通俗易懂的方式输出具有建设性意见的干货内容，助力城投公司建立与劳动力市场基本适应、与企业经济效益和劳动生产率挂钩的工资决定机制和增长机制，为城投公司建立健全科学合理、规范有效的薪酬分配和激励约束机制提供执行有效的解决方案，深化国资国企改革，提高城投公司市场化运营的竞争力。

本书特色。本书立足国企改革背景，以城投公司为研究主体，在政策合规前提下，从理论依据、方案设计、步骤实施、案例分享等环节，较为完整地阐述了薪酬改革从顶层设计到落地实施全流程，详尽地将薪酬改革全貌展现给读者，方便读者对城投公司薪酬改革全面深入地了解和自主适用，理论与实践的结合性强，具有实务指导性。本书在编写过程中，较多参考了中央、省、市、区县的国企改革相关政策，吸收了许多专家同行的宝贵建议，为行文方便，这里不便一一注明。书后所附参考政策是本书重点参考的依据。

关于致谢。本书的政策依据、设计思路、改革方法大多来自项目实践，感谢我们的客户提供了面对并解决薪酬改革热点问题的机会。大量的项目实践和素材积累让我们有机会把理论知识运用于企业实践并不断创新。经过不断总结和复盘，集体智慧终于以书籍形式呈现。在解决薪酬改革热点问题及书籍出版的过程中，我们得到了各国资国企高管、城投公司的大力支持和帮助，也感谢外部人力资源专家、高校导师给予我们的专业指导！

互动与勘误。本书大部分内容是编者在服务城投公司薪酬改革、薪酬体系建设过程中的经验总结与思考，其中不乏案例分享。鉴于城投公司的复杂性和多样性，不同的公司可能由于地方监管政策、具体业务需求的差异而导致薪酬设计的选择不同；在对政策理解与薪酬设计过程中，读者也可能存在不同的见解，欢迎读者朋友互动交流。本书虽经几次修改，但由于编者能力所限，不足之处敬请各城投企业、专家、读者批评指正。

希望本书能对城投公司薪酬改革有所帮助！

好 友 推 荐

近年来，随着国资国企改革不断深化，全国各级城投公司陆续开展了内部薪酬分配制度改革，但部分城投公司的实际改革成效并不显著，仍或多或少存在薪酬和绩效考核匹配薄弱、薪酬市场化分配程度不高以及企业核心人才激励性不足等问题。该书是作者服务诸多城投公司、提供薪酬设计和实践的经验总结，参考政策中融入当前国企改革的最新政策理念，解读全面、实用性极强，对企业管理者具有极高的参考价值。

夏津县城乡投资发展集团有限公司 党委委员 陈少帅

"建立健全同劳动力市场基本适应、同国有企业经济效益和劳动生产率挂钩的工资决定和正常增长机制，完善国有企业工资分配监管体制，充分调动国有企业职工的积极性、主动性、创造性"是现阶段国有企业薪酬制度改革的重要基调。如何制定科学实用的薪酬体系，使之能够进一步激发企业活力，提高企业生产率及提升发展质量是重中之重。本书通过大量案例历数国企薪酬改革中的问题及解决思路，解读全面，语言简洁明了，实用性极强。相信在国有企业薪酬制定过程中可以作为参考价值极高的指导蓝本。

冠县发展建设投资集团有限公司 人力资源部负责人 窦萌萌

薪酬改革是深化国有企业改革、建立现代企业制度的关键环节，也是三项制度改革的重要内容，关系到国有企业改革的成败。完善工资总额管理，提高职工工资保障与激励力度，建立有竞争力的薪酬绩效体系，可有效保障国有企业的持续发展。该书作者在国企工资总额预算和分配方面，有丰富的实践操作经验，相信此书可以帮助更多企业建立科学合理的薪酬管理体系。

江苏洪泽湖建设投资集团有限公司 人力资源部 张园

目 录

第一章

综述城投公司薪酬改革遇到的问题及解决思路

　　建立与中国特色现代企业制度建设适配的薪酬绩效管理体系，是国企改革、十四五规划等政策的具体要求。基于项目实施经验，本文梳理城投公司薪酬改革相关政策，分析薪酬管理现状与改革热点问题，从制度建设到操作流程，为薪酬改革提供全方位解决思路。

一、政策梳理

　　为建立健全与劳动力市场基本适应、与企业经济效益和劳动生产率挂钩的工资决定机制和正常增长机制，建立员工激励与约束机制，促进企业改革、发展和国有资产保值增值，城投公司需要紧跟政策，探索改革实践之路，促进城投企业高质量发展。

　　我们梳理了从国家、省、市至区县薪酬相关的政策文件，发现国有企业出资人与监管企业在薪酬改革方面的管理权责可依照权责清单执行，政策文件对工资总额、薪酬水平、福利待遇等方面有比较明确的政策指引，细则方面则侧重企业负责人薪酬与绩效考核的实施，具体情况见表1。

表1 部分政策依据展示

序号	政策依据	主题
一、国家、省级层面		
1	《关于印发〈关于国有企业功能界定与分类的指导意见〉的通知》国资发研究〔2015〕170号	国有企业分类
2	《关于深化国有企业改革的指导意见》中发〔2015〕22号	职业经理人
3	《国务院关于改革国有企业工资决定机制的意见》国发〔2018〕16号	工资总额
4	《关于印发山东省省管企业负责人薪酬管理监督检查办法（试行）的通知》鲁人社发〔2016〕18号	企业负责人薪酬
5	《山东省人民政府关于改革国有企业工资决定机制的实施意见》鲁政发〔2018〕34号	工资总额
6	《山东省国资委关于印发山东省省属企业工资总额管理办法的通知》鲁国资考核〔2019〕2号	工资总额
7	《山东省国资委关于印发山东省国资委出资人监管权力和责任清单的通知》鲁国资法规〔2019〕1号	权责清单
8	《关于发布2021年企业工资指导线的通知》鲁政字〔2021〕137号	工资水平
二、地方相关规定（或针对某公司出具的）		
1	地方市/区/县国资委出资人监管权力和责任清单	权责清单
2	地方市/区/县属企业工资总额管理办法	工资总额
3	地方市/区/县管企业负责人薪酬管理办法	薪酬
4	地方市/区/县管企业负责人绩效考核管理办法	绩效考核
三、其他数据参考		
1	国家统计局《中国统计年鉴—2022》	平均工资
2	山东省企业工资支付规定（山东省工资支付条例）（2021最新）	工资支付

序号	政策依据	主题
3	《山东省企业职工生育保险规定》山东省人民政府令第339号	生育保险
4	《山东省关于公布全省最低工资标准的通知》鲁政字〔2021〕169号	最低工资标准
5	《山东省关于公布2020年度全省全口径城镇单位就业人员平均工资和2021年度职工基本养老保险待遇计发基数的通知》鲁人社字〔2021〕131号	保险基数
6	《山东省基层工会经费收支管理实施细则（试行）》	工会经费
7	《关于调整基层工会经费支出有关标准的通知》鲁会办〔2019〕56号	工会经费
8	《山东省女职工劳动保护办法》	职工福利
9	《关于建立部分专业技术类职业资格和职称对应关系的通知》鲁人社办发〔2019〕14号	职业资格与职称对应
……	……	……

二、现状分析

从项目前期调研情况来看，城投公司在薪酬与绩效改革过程中普遍存在以下现象：

管理决策上集权与分权两极分化。目前的城投公司，要么在原有实体企业运行较为良好的情况下，直接升级作为集团公司，要么几个主营业务发展良好的企业进行优化组合作为子公司，新设集团公司实现统筹运营。无论是哪种情况，不同的业务模式、子公司，原则上应科学设计薪酬结构、绩效考核指标。回顾当前的城投公司，薪酬与绩效考核过度集权的现象较为普遍。不同职级、不同部门、不同岗位适用一套薪酬结构，无法有效吸引人才、激励人才。现实中也存在集团公司、子公司各有各的薪酬、考核制度，集团缺乏对整体薪酬及人力资源的战略管理。如何进行集团统一管控、子公司合理分权，在兼顾主营业务模式、核心部门满意度的情况下，科学划分薪酬与绩效考核的权责清单，是城投公司需要解决的重要课题。

人员结构复杂、历史遗留问题较多。一方面，就已接触的城投公司来说，员工聘用渠道除市场招聘、退役军人转业安置外，还有组织任命、管委会撤改安置、国有企业退编、人事代理、劳务派遣、特殊引进人才等多种形式。人员身份多样化、老龄化严重，且受制于部分人员薪资遵循"组织委派和社会招聘的区别化对待""身份变更但薪酬总水平不降低"等原则，增加了城投公司薪酬改革的复杂性。另一方面，现有的从业人员里有大量司机、行政办公、后勤辅助人员，无法担任工程、审计、财务等对专业性有一定要求的岗位，造成人员冗余，且无法通过现有制度以优胜劣汰形式实现人员与薪资减负，历史遗留问题的解决任重道远。

缺失激励机制、人才流失严重。作为特殊存在的企业形式，城投公司大多承袭传统国有企业的管理制度，在人员构成、晋升渠道、薪酬结构等方面，呈现人员层级划分较多、晋升空间狭窄且渠道单一、薪酬结构与人员身份挂钩、绩效考核与薪酬无法实现强关联、工作质量好且工作密度大的员工缺乏物质与精神激励的局面。薪资要么过度平均，要么集中在少部分群体，最终企业失去对青年优秀人才、业务骨干的吸引力，造成人才流失，工作效率和产出堪忧。

三、热点与难点

城投公司自身的特殊性、薪酬体系及历史遗留问题的复杂性，导致城投公司在薪酬改革重要环节上普遍举步维艰。

工资总额受预算控制和造血能力弱双重掣肘。城投公司一般由地方国资局作为出资人，同步适用相关工资总额管理办法、薪酬管理办法、绩效考核管理办法、权责清单。在满足上级部门政策要求的情况下，需统筹考虑上年实发工资（或清算工资）、地区城镇非私营单位就业人员平均工资、企业工资指导线、城投公司经营规模和财务指标等来编制工资总额预算，并按照国有企业分类进行薪酬制度备案。一方面，虽然薪酬向市场水平靠近是城投公司员工的心声，但地方国资委对工资总额有明确限制的，依然要在限定范围内进行合理分配。另一方面，城投公司因承担较多政府性职能，一般造血能力弱，利润薄弱不足以负担因薪酬水平增长带来的人力资源成本，工资水平的增长短时间难以实现。

绩效考核指标量化困难。薪酬与绩效挂钩，需要对不同部门、不同业务相关的考核指标进行量化，不能量化的需要定性，通过绩效考核实现多劳多得、奖优惩劣。城投公司受限于承担较多的政府职能，除基础设施建设、城市绿化、水热电暖、棚户区改造等重点任务外，临时性工作较多，甚至出现临时工作的密度覆盖重点工作的情况，考核指标的量化存在难度。此外，城投公司目前多集团化，业务种类多，但人员受限于国资委定员等规定，通常出现一人多岗、兼岗等情况（如母子公司的工程部门为一套人员），设计考核指标时需要具体分析。考核指标的量化依赖于清晰具体的工作任务，就接触的城投公司而言，大多无法提供年度、半年度具体的工作任务，更无法对工作任务的完成指标、进度、质量有具体的划分，考核指标缺失量化标准。

除此之外，城投公司还存在薪酬结构单一、核心部门薪酬满意度较低、人事招聘没有自主权、领导班子过于行政化与改革信心不足等问题，这些问题都限制了城投公司薪酬改革的进度与质量。

四、解决思路

为解决城投公司在薪酬改革方面的问题，制定适合市场化运作的分配体系，激发员工活力，把员工个人业绩与团队业绩有效结合，形成吸引人才和留住人才的良好机制，城望集团依据有关法律、法规，借鉴其他相似平台公司先进经验，研发出一套实操性强、符合城投集团实际情况、可灵活适用与调整的解决方案。本方案旨在建立科学合理的薪酬管理体系与绩效激励机制，加快薪酬改革，推动城投公司高质量发展。

1. 划分权责清单、优化内控制度

薪酬的设计终端在岗位薪酬，设计前提是拥有薪酬设计自主决定的权限和主观能动性。因此薪酬设计第一步，需明确上级部门对城投公司薪酬绩效的权责规定；权责明确后对公司法人治理结构、组织架构、部门设置进行合理优化，为薪酬改革搭建龙骨，通过统理核心业务流程，设置部门内具体岗位；在岗位职责明确后，综合岗位价值、市场行情、政府监管要求等，以岗定薪。

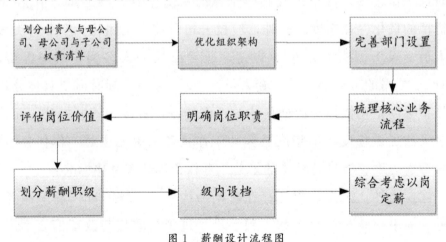

图 1　薪酬设计流程图

2. 合理编制工资总额预算

实务中，一般以上年度实际发放的工资或者上级部门审核清算后

的工资总额为基数，考虑人员变动及需求、上级部门对下一年度工资总额预算的编制要求、核准的定员情况、城投公司财务指标（营业收入、利润总额、国有资产保值增值率等）和人力资源承受成本，对标地区城镇非私营单位就业人员平均工资、企业工资指导线、地区头部城投公司的薪酬水平、相同地区同种岗位的市场薪酬报告等，综合确定工资总额。

3. 设置多元化薪酬体系

为调整好内部收入差距，需要建立合理科学的薪酬管理体系，对企业负责人、职业经理人、经理层、中层干部及一般员工、高级管理人员、高级技术人员、特殊引进人才设置不同的薪酬体系，如对企业负责人实行年薪制；对聘任职业经理人的，引入职业经理人任期与考核制度；对经理层人员，遵循经理层任期制与契约化管理相关规定；中层及一般员工采取岗位绩效工资制；高级管理人员、高级技术人员、特殊引进人才薪酬一事一议，实行协议工资制。

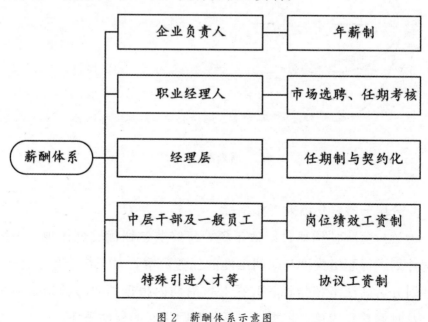

图 2　薪酬体系示意图

4. 构建多样化薪酬元素

薪酬元素包括基本工资、岗位工资、绩效工资、福利和年终奖，其中基本工资为员工的非风险性、非考核性收入，岗位工资与岗位职责挂钩，绩效工资和年终奖与绩效考核结果直接关联。各薪酬元素占工资总额的权重可根据业务模式、部门类型灵活设置，使薪酬分配向突出贡献人才及一线苦脏险累岗位倾斜。福利的设置，需遵循国资委等上级监管部门的要求，结合实际情况设置具体的福利明细项目。城投类公司常见的福利有：交通补贴、通讯补贴、高温防暑补贴、取暖补贴、物业补贴、住房补贴、节日福利、精神文明奖、带薪休假、工会福利等。

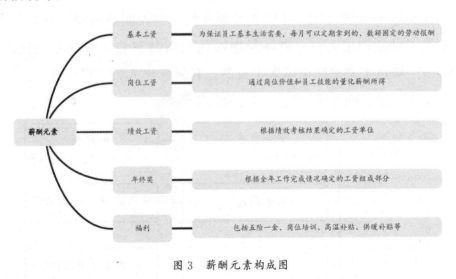

图 3　薪酬元素构成图

5. 分层分类量化绩效考核指标

绩效与薪酬挂钩通过绩效工资、年终奖、评优奖惩体现。一般将年度计划进行职级维度与时间维度的任务分解，对工作任务进行定量、定性划分后确认考核指标，并在考核周期内根据绩效考核结果运用情况，及时调整和优化考核指标，形成激励机制的良性循环。

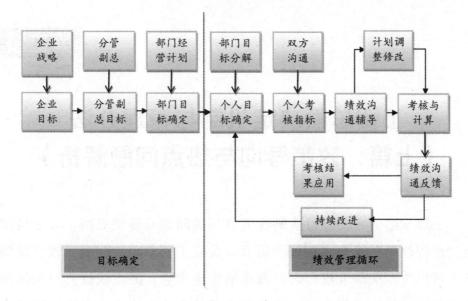

图 4　绩效考核程序图

6.实施绩效考核、精进改革方案

　　根据过往经验，城望集团协助城投公司撰写薪酬绩效改革方案并辅导落地实施，对考核过程中出现的特殊情况进行总结，对不合理现象进行修正与调整。除薪酬与绩效考核外，衍生出内部竞聘、绩效考核外包等服务项目，为城投公司人力资源的精细化管理提供智力支持，促进薪酬绩效改革不断完善。

　　城投公司有自身的局限性，薪酬改革无法实现一蹴而就。在政治任务上，城投公司薪酬绩效改革是完善现代企业制度的重要内容，是深化收入分配制度改革的重要任务，事关城投公司健康发展和企业职工切身利益。在建立健全科学合理、规范有效的薪酬分配和激励约束机制，实现国有资产保值增值和市场化运作、增强人员正向激励、激发企业活力等方面，城投公司有法可循、任重道远。

第二章

工资总额决定机制与管理办法
（上篇：政策导向与热点问题解析）

上篇综述了城投公司薪酬改革遇到的问题及解决思路，后续将围绕"薪酬改革"这个主题展开研究，设置工资总额、薪酬元素、薪酬体系等模块，从政策核心内容到落地实施难点，融入城投公司关注的热点问题，附加案例分享，以通俗易懂的方式，持续、有规律地输出具有建设性意见的干货内容，助力城投公司建立与劳动力市场基本适应、与企业经济效益和劳动生产率挂钩的工资决定机制和增长机制，为城投公司建立健全科学合理、规范有效的薪酬分配和激励约束机制提供行之有效的解决方案。

一、政策导向

工资总额决定机制与管理方式，是薪酬改革的重要内容。在国企改革"1＋N"系列政策文件中，涉及国企薪酬改革的主体政策有两个：《关于改革国有企业工资决定机制的意见》（国发〔2018〕16 号，以下简称"《意见》"）、《中央企业工资总额管理办法》（国务院国有资产监督管理委员会令第 39 号，以下简称"《办法》"），明确了国有企业工资总额市场化改革的大方向和总趋势。本文梳理两个政策的核心内容，以城投公司实施工资总额管理过程中的关键环节为主线，梳理常见问题并给出参考解析，提取过往实践项目中的经典案例，将政策导向和热点问题解析运用其中，为城投公司展示工资总额决定机制与管理办法执行的全过程。

国有企业工资总额决定机制与管理办法的落实，需要吃透政策，把握好衡量标准，坚持市场化改革大方向，以效益导向为原则，按照企业所处的行业分类确定差异化管理办法。《意见》与《办法》两个主要政策的核心内容整理如下。

（一）工资总额分级管理

《办法》规定国有企业工资总额应实行分级管理：国资委依据有关法律法规履行出资人职责，制定中央企业工资总额管理制度，根据企业功能定位、公司治理、人力资源管理市场化程度等情况，对企业工资总额预算实行备案制或者核准制管理。

实行工资总额预算备案制管理的中央企业，根据国资委管理制度和调控要求，结合实际制定本企业工资总额管理办法，报经国资委同意后，依照办法科学编制职工年度工资总额预算方案并组织实施。

实行工资总额预算核准制管理的中央企业，根据国资委有关制度要求，科学编制职工年度工资总额预算方案，报国资委核准后实施。

工资总额预算经国资委备案或者核准后，由中央企业根据所属企业功能定位、行业特点和经营性质，按照内部绩效考核和薪酬分配制度要求，完善本企业工资总额预算管理体系，并且组织开展预算编制、执行以及内部监督、评价工作。

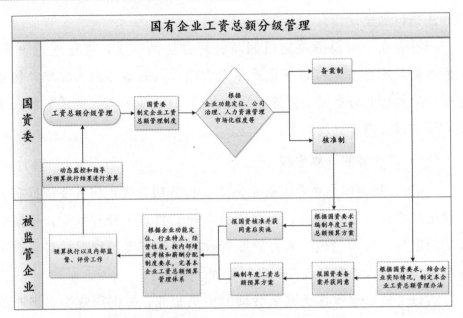

图 5　国有企业工资总额分级管理示意图

（二）工资总额分类管理

《意见》与《办法》中对国有企业工资总额分类管理规定如下：根据企业功能性质定位、行业特点、治理结构完善程度与内控水平，将国有企业分为商业类、公益类（《关于国有企业功能界定与分类的指导意见》国资发研究〔2015〕170 号），由主管部门核定备案制或核准制管理，并按照分类确定工资效益联动指标。这种管理方法弱化事前管理，强调事中监测与事后监督评价，国有企业根据实际情况可灵活适用。

表2　国有企业工资总额分类管理

序号	企业功能性质定位、行业特点	工资总额预算管理方式	工资总额挂钩指标	工资总额水平确定
1	主业处于充分竞争行业和领域的商业类中央企业	备案制,但对于未建立规范董事会、法人治理结构不完善、内控机制不健全的企业,经履行出资人职责机构认定,应实行核准制	利润总额、净利润、经济增加值、净资产增长率、净资产收益率等	根据企业经济效益和市场竞争力,结合市场或者行业对标科学合理确定
2	主业处于关系国家安全、国民经济命脉的重要行业和关键领域,主要承担重大专项任务的商业类中央企业	备案制(法人治理结构健全、三项制度改革到位、收入分配管理规范的,经国资委同意后,可探索实行备案制管理)	选取反映经济效益和国有资本保值增值指标的同时,可增加营业收入、任务完成率等体现服务国家战略、保障国家安全和国民经济运行、发展前瞻性战略性产业以及完成特殊任务等情况的指标	根据企业在国民经济中的作用、贡献和经济效益,结合所处行业职工平均工资水平等因素合理确定
3	主业以保障民生、服务社会、提供公共产品和服务为主的公益类国有企业	核准制	选取反映成本控制、产品服务质量、营运效率和保障能力等情况的指标,兼顾体现经济效益和国有资本保值增值的指标	根据公益性业务的质量和企业经济效益状况,结合收入分配现状、所处行业平均工资等因素合理确定

（三）工资总额决定机制

关于工资总额决定机制，《意见》规定：按照国家工资收入分配宏观政策要求，根据企业发展战略和薪酬策略、年度生产经营目标和经济效益，综合考虑劳动生产率提高和人工成本投入产出率、职工工资水平市场对标等情况，结合政府职能部门发布的工资指导线，合理确定年度工资总额。《办法》规定：中央企业以上年度工资总额清算额为基础，根据企业功能定位以及当年经济效益和劳动生产率的预算情况，参考劳动力市场价位，分类确定决定机制，合理编制年度工资总额预算。综合两个政策，影响国有企业工资总额的具体因素整理如下：

表3　影响国有企业工资总额的具体因素

序号	影响因素	具体内容
1	工资收入分配宏观政策	《关于改革国有企业工资决定机制的意见》（国发〔2018〕16号）；《中央企业工资总额管理办法》（国务院国资委令第39号）；各省、市地区发的工资决定机制、工资总额管理办法
2	企业发展战略和薪酬策略	企业发展三至五年战略规划、所处行业及政策支持；主营业务运营情况、人力资源成本、用工计划等
3	年度生产经营目标和经济效益	利润总额或净利润、经济增加值、净资产收益率、营业收入、成本控制、营运效率、任务完成率、国有资本保值增值率等
4	劳动生产率	人均增加值、人均利润、人均营业收入、人均工作量等
5	人工成本投入产出率	人工成本利润率、人事费用率等指标
6	职工工资水平市场对标	城镇非私营单位就业人员平均工资、行业平均工资、地区平均工资；劳动和社会保障部门发布的薪酬调查数据、人工成本调查数据等

序号	影响因素	具体内容
7	监管部门控制指标	劳动和社会保障部门或主管部门发布的地区工资增长指导线；地区工资水平调控线数据等

工资总额的确定要与企业经济效益联动，《办法》规定：工资总额预算与利润总额等经济效益指标的业绩考核目标值挂钩，在按照经济效益决定的基础上，还应当根据劳动生产率、人工成本投入产出效率的对标情况合理调整。国有企业应按照工资与效益联动机制确定工资总额，建立与企业经济效益和劳动生产率挂钩的工资决定和正常增长机制。

表4　国有企业工资总额与经济效益联动机制

效益情况	联动机制	
企业经济效益增长	当年工资总额增长幅度≤同期经济效益增长幅度	（1）根据劳动生产率、人工成本投入产出率的对标情况调整工资总额（2）商业类、公益类企业探索将工资总额划分为保障性和效益性工资总额两部分，并合理设置比重，比重原则上三年保持不变
企业经济效益下降	除受政策调整等非经营性因素影响外，当年工资总额原则上相应下降	
国有资产保值增值未实现	工资总额不得增长，或者适度下降	
其他情况	增人不增工资总额；减人不减工资总额；兼并重组、新设企业或机构，可合理增加或减少工资总额	

（四）工资总额预算管理

《意见》规定，国有企业工资总额实行全面预算管理，预算方案由国有企业自主编制，按规定履行内部决策程序后，根据企业功能性质定位、行业特点并结合法人治理结构完善程度，分别报履行出资人职责机构备案或核准后执行。

国有企业工资总额预算一般按年度进行管理。对行业周期性特征明显、经济效益年度间波动较大或存在其他特殊情况的企业，工资总额预算可探索按周期进行管理，周期最长不超过三年，周期内的工资总额增长应符合工资与效益联动的要求。

（五）内部工资总额分配

根据《意见》规定，国有企业内部工资分配管理集中在以下三方面：

1. 完善企业内部工资总额管理制度

国有企业在经备案或核准的工资总额预算内，依法依规自主决定内部工资分配。企业应建立健全内部工资总额管理办法，根据所属企业功能性质定位、行业特点和生产经营等情况，指导所属企业科学编制工资总额预算方案，逐级落实预算执行责任，建立预算执行情况动态监控机制，确保实现工资总额预算目标。

2. 深化企业内部分配制度改革

国有企业应建立健全以岗位工资为主的基本工资制度，以岗位价值为依据，以业绩为导向，参照劳动力市场工资价位，并结合企业经济效益，通过集体协商等形式合理确定不同岗位的工资水平，薪酬分配向关键岗位、生产一线岗位和紧缺急需的高层次、高技能人才倾斜，合理拉开工资分配差距，调整不合理过高收入。加强全员绩效考核，使职工工资收入与其工作业绩和实际贡献紧密挂钩，切实做到能增能减。

3. 规范企业工资列支渠道

国有企业应调整优化工资收入结构，逐步实现职工收入工资化、工资货币化、发放透明化。严格清理规范工资外收入，将所有工资性收入一律纳入工资总额管理，不得在工资总额之外以其他形式列支任何工资性支出。

（六）工资分配监管机制

工资总额的分配监管体制方面，《意见》中与城投公司有关的政策集中于：一是完善国有企业工资分配内部监督机制，国有企业董事会应依照法定程序决定工资分配事项，加强对工资分配决议执行情况的监督。落实企业监事会对工资分配的监督责任；二是建立国有企业工资分配信息公开制度，如国有企业每年定期将企业工资总额和职工平均工资水平等相关信息向社会披露，接受社会公众监督。

除以上政策外，《办法》中新增"企业内部收入分配制度、中长期激励计划以及实施方案等关系职工切身利益的重大分配事项应当履行必要的决策程序和民主程序"的规定以健全完善企业内部监督机制。

二、热点问题解析

《意见》《办法》均属于国家层面工资总额管理的纲领性文件，城投公司实际开展工作需要多参考一下省国资委、市国资委和县国资监管机构制定的工资总额管理办法或相关指导意见、操作手册。若城投公司工资总额按照国企分级、分类、预算管理，执行工资总额决定机制具体需要做哪些工作？实务中工资总额基数怎么确定？如何根据企业类别选定效益联动指标？工资总额确定后，权属子公司之间、子公司内部薪酬如何分配？整个工资总额管理过程中的监督监管有哪些形式？对于以上问题，我们以工资总额决定机制的落地执行为主线逐一解析。

（一）工资总额基数如何确定

依政策规定，国有企业工资总额预算需以上年度工资总额清算额为基础。考虑到国企改革进度，部分企业尚未实现工资总额预算管理，对于已实现预算管理的集团企业因业务整合通常需要新设或合并权属子公司，工资总额基数需要分情况确定。

表5　工资总额基数确定与适用情况

工资总额基数	适用情况
上年度工资总额清算数	工资总额实现全面预算管理的国有企业
上年度实发工资总额	工资总额未实现全面预算管理的国有企业
当年基数：前三年实发工资总额的平均值 以后年度基数：上年度工资总额清算数	上年度实发工资小于前三年实发工资 平均值的国有企业
同级同类国有企业在岗职工平均工资× 职工人数	新组建、整合期企业； 营业收入为零或较少、不产生利润的企业

（二）工资总额如何与效益联动

确定工资总额基数后，要实现工资总额预算与效益联动，需要引进效益指标和对应权重。从当前各级国资委、国有企业发布的工资总额决定机制、管理办法中归纳总结，工资总额预算与效益指标一般有整体联动、分项联动两种方式。

整体联动方式下，工资总额与经济效益完全挂钩：工资总额＝工资总额基数×效益系数，效益系数可根据效益联动指标、效率调节指标综合确定。

分项联动方式下，工资总额＝保障性工资＋效益性工资，在保留一定的保障性工资同时，实现工资总额与企业经济效益挂钩。保障性工资总额占比由企业根据功能性质定位、行业特点、效益预期情况等合理确定，比重三年内保持不变（如保障性工资总额比重：竞争类企业原则上不超过 40％，功能类和公益类企业原则上不超过 60％，效益性工资一般与经济效益、劳动生产率等挂钩；效益性工资＝工资总额基数×效益系数。

（三）如何分类确定效益指标

企业在选取工资总额决定机制的效益指标时，需要严格执行"根据中央企业功能定位、行业特点，分类实行差异化的工资总额管理方式和决定机制"，同时考虑企业发展阶段，谨慎选择数据变化幅度太大、稳定性较差的指标。商业一类、商业二类、公益类国有企业相关经济效益指标详见下表。

表6　工资总额决定机制指标分类

企业类别	一级指标	二级指标	三级指标
商业一类	联动指标	效益指标	利润总额、净利润；经济增加值；净资产收益率
	调整指标	劳动生产率	人均利润；人均增加值；人均营业收入；人均工作量
		人工成本投入产出率	人事费用率；人工成本利润率
商业二类	联动指标	效益指标	利润总额、净利润；国有资产保值增值率；营业收入；任务完成率
	调整指标	劳动生产率	人均利润；人均增加值；人均营业收入；人均工作量
		人工成本投入产出率	人事费用率；人工成本利润率

企业类别	一级指标	二级指标	三级指标
公益类	联动指标	效益指标	营业收入、主营业务收入；利润总额
	调整指标	劳动生产率	人均利润；人均增加值；人均营业收入；人均工作量
		人工成本投入产出率	人事费用率；人工成本利润率

（四）如何调节工资总额

鉴于经济效益指标对工资总额决定机制的联动效应，当工资总额预算方案在执行过程中出现以下情形时，需要对工资总额预算进行调整：

1. 国家宏观经济政策发生重大调整的。

2. 市场环境发生重大变化引起企业效益明显波动的。

3. 企业发生分立、合并等重大资产重组行为。

4. 其他因客观因素导致预算发生重大变化的。

相关调节标准整理如下：

表7　国有企业工资总额调整情况与标准

总额上调适用情况	上调标准	总额下调的适用情况	下调标准
当年劳动生产率未提高、上年人工成本投入产出率低于全国行业平均水平	当年工资总额增长幅度≤同期经济效益增长幅度	当年劳动生产率未下降、上年人工成本投入产出率明显优于全国行业平均水平	工资总额适当减少
上年职工平均工资达到全国城镇单位就业人员平均工资3倍及以上	职工平均工资增长幅度≤人力资源社会保障部门发布的工资指导线基准线	上年企业职工平均工资未达到全国城镇单位就业人员平均工资80%	

总额上调适用情况	上调标准	总额下调的适用情况	下调标准
经济效益增长幅度较大，或对引进和培养紧缺急需高层次、高技能人才成效突出的国有企业	结合人力资源社会保障部门发布的工资指导线合理确定工资总额增长幅度	剔除受政策调整等非经营性因素影响后，未实现国有资产保值增值	工资总额不得增长，或者应适度下降
国有企业发生兼并重组、新设企业或机构、新增项目等情况而规模性增加人员	合理增加工资总额	国有企业发生兼并重组、新设企业或机构、新增项目等情况而规模性减少人员	合理减少工资总额

（五）企业内部收入分配怎么做

城投公司作为内部分配的责任主体，应当持续深化内部三项制度改革，构建形成"管理人员能上能下、员工能进能出、收入能增能减"的市场化劳动用工和收入分配管理机制，切实承担起搞好搞活企业内部分配的职责。

1. 发挥董事会决策功能

随着国有出资机构权力下放，城投公司作为集团企业，要在治理决策上能够接得住权力，真正行使起工资总额管理预分配的职能，发挥董事会决策功能，同时要发挥党委会在公司治理中的作用，实现工资总额管理和工资分配机制的科学化。

2. 集团与权属公司之间工资总额分配向利润中心倾斜

结合战略目标、组织分工和职能定位设计差异化管理机制，突出不同管理重点，实现工资总额精准投放，薪酬分配向造血能力强、主营业务具有较强市场竞争力的子公司倾斜。

3. 子公司内部建立"以岗定薪、绩效挂钩"的内部分配机制

工资分配向关键岗位、生产一线岗位和紧缺急需的高层次、高技能人才倾斜，坚持以岗定薪，并合理拉开工资分配差距，完善全员绩效考核制度，实现员工收入与岗位责任、业绩贡献和企业效益密切挂钩。

（六）工资总额的监管监督有哪些形式

城投公司工资总额的监管与监督，外部有上级主管单位、人社局、审计部门、纪委监察等，内部有公司董事会、监事会、人力资源部门、内审部门等，监管检查内容涉及工资总额预算的编制与执行、内部工资分配、工资列支与披露等，详情展示如下：

表8　国有企业工资总额的监管监督情况

执行单位/部门	上级部门、主管单位	董事会、监事会	人力资源部门	纪委、人社局、审计局、监事会
监管内容	对预算执行情况进行动态监控和指导；对预算执行结果进行清算	工资总额在集团与权属企业之间的分配；各权属子公司内部工资分配	工资总额范畴合理、列支规范、接受员工监督	工资收入范畴合理、未超支、未违规发放
监管检查频率	备案或核准时；执行过程中；清算时；工资总额需调整时等	半年度、年度；根据业务类型与运营模式调整	季度、半年度、年度	不定期巡查、抽检

三、政策执行的影响因素

城投公司工资总额的决定机制与管理办法，执行层面一看政策要求，尤其是上级主管部门的要求，从省、市、县政策穿透结果来看，不同地区的效益指标选择、指标数量与权重设置略有不同；二看与主管单位的权责划分是否清晰有效，即城投公司有没有自主决定权，有多少；三看城投公司自身的客观实力和主观能动性，客观实力包括经营状况良好、法人治理结构完善、内控机制健全等，这是工资总额预算管理的大前提；主观能动性侧重城投公司管理团队的综合能力，如企业能否做好工资总额预算编制与有序执行、内部分配时能否做好向利润中心与关键岗位、生产一线岗位倾斜等。

本篇关于政策导向和热点问题的解析是基于项目经验的总结，下篇我们将以案例形式分享城投公司工资总额决定机制与管理办法的具体运用。工资总额决定机制与管理办法的政策导向已比较明确，建立与劳动力市场基本适应、与企业经济效益和劳动生产率挂钩的工资决定机制和增长机制，城投公司有章可循。

第三章

工资总额决定机制与管理办法
（下篇：案例分享）

工资总额相关政策的落地实施，需结合城投公司所在地区经济发展水平、国资部门工资总额管理规定、城投公司内控管理水平、业务经营模式、国企改革进度等情况有序开展。上篇我们梳理了工资总额决定机制与管理办法的政策导向和热点问题，纸上得来终觉浅，为更好地服务客户，让政策运用有形可见，我们将以某县级城投公司（以下化称"东县集团公司"）为模型，分享政策落地的全过程，为城投公司确定工资总额提供解决方案。

一、政策落地思路

从过往项目实践情况来看，工资总额决定机制的落地实施大致有两个方向：一是政策由上到下逐级细化制定，遵循"国家—省—市—区县"的模式，城投公司严格按照上级国资部门要求，制定适合自身的管理办法，基于国有企业分类适用工资总额备案制，备案成功后执行预算和内部分配，并接受国资部门动态监督管理；二是政策上依然逐级细化，但城投公司可根据国资部门工资总额管控要求与自身实际情况，草拟工资总额管理办法后申请核准，国资部门结合城投公司上报资料，在符合政策要求的前提下，向利于国有资本保值增值、城投公司高质量发展的方向倾斜，出具相关细则与实施要求，城投公司在此实施要求上进一步完善工资总额决定机制与管理办法。

无论哪种工资总额落地方式，城投公司都要实行工资总额的分级、分类、预算管理。政策对工资总额管理的具体方式已比较明确，相较之下工资总额决定机制因效益指标的多选特点反而变得复杂，效益指标的选定成为工资总额决定机制的重要环节。

二、东县集团公司基本情况

本篇以某县级城投公司（以下化称"东县集团公司"）为例，探讨工资总额决定机制的运用。

东县集团公司具体情况设定具有一定灵活性，增添附加条件后可适用国资部门工资总额备案制、核准制，基本情况设定如下：

（1）国企分类方面：东县集团公司主要经营范围为城乡基础设施、公共事业的投资、建设、运营，以自有资金从事投资活动，属于商业二类企业。

（2）工资总额分级管理方面：县国资部门履行出资人职责，东县集团公司2022年拟进行工资总额预算全面管理，人力资源部门已着手编制工资总额管理办法，县国资部门尚未明确东县集团公司工资总额预算实行备案制或核准制管理。东县集团公司企业负责人实行年薪制，由国资部门考核；权属子公司数量为6，集团与子公司薪酬管理制度已统一，除企业负责人外全员实行岗位绩效工资制度。

（3）工资总额管理的范围：工资总额管理的企业范围与企业财务决算合并（汇总）范围一致，包括集团公司总部和所属各级全资、控股企业。工资总额管理的职工范围为与本企业建立劳动关系并由企业直接支付劳动报酬（含生活费）的人员，包括在岗职工、离岗仍保留劳动关系的职工，不包括离退休人员、劳务派遣人员。

（4）工资总额范畴：东县集团公司在2021年度内直接支付给与本企业建立劳动关系的全部职工的劳动报酬总额，包括工资、奖金、津贴、补贴、加班加点工资、特殊情况下支付的工资等。

（5）财务情况：2021年东县集团公司财务报表经过第三方审计，已出具无保留意见审计报告，国有资本实现增值保值。

表9　2021年主要财务数据（合并层面）

单位：元

科目	2021年度	2020年度	变动幅度
营业总收入	9,193,004,446.83	6,564,925,812.72	40%
营业成本	7,125,503,479.08	5,548,293,848.88	28%
营业利润	1,552,455,022.50	1,084,780,652.31	43%
利润总额	1,444,360,169.54	1,095,350,901.45	32%
工资总额	107,602,835.43	80,094,145.13	34%
在职员工的数量合计	373	373	0%
国有资本保值增值率	102.45%		

（6）国资部门工资指导线规定：根据鲁政字〔2021〕137号文件规定，企业工资指导线基数为2020年全国城镇非私营单位就业人员平均工资97379元，企业职工货币工资增长基准线为7%。国有企业按照工资决定机制改革要求，结合工资指导线编制本年度工资总额预算方案，报履行出资人职责机构备案或核准。

三、国资部门备案制：以经济效益联动机制决定工资总额

若东县集团公司已建立规范董事会、法人治理结构完善、内控机制健全，县国资部门对其工资总额执行备案制管理，工资总额可采取与经济效益整体联动机制确定。

（一）确定效益联动指标

根据地方政策以及企业历史数据等因素，设置两项效益联动指标：利润总额、营业收入，权重依次为 60%、40%；设置两项效率调整指标：劳动生产率指标选取人均营业收入，人工成本投入产出率指标选取人工成本利润率。相关指标的计算以审计后的合并财务数据为准。

（二）工资总额测算

因工资总额决定机制采取与经济效益整体联动机制确定，故：

工资总额＝工资总额基数×效益系数，其中：

1. 工资总额基数以上年度实发工资为准。

2. 效益系数＝1＋效益指标增长率×效率调整指标增减幅度。

3. 效益指标增长率＝利润总额增长率×60%＋营业收入增长率×40%。

4. 效率调整指标增减幅度＝人均营业收入增减幅度×50%＋人工成本利润率增减幅度×50%。

（三）效率调整指标调整工资总额

根据县国资部门下发的文件要求，效率指标对工资总额的调整主要体现在四方面：一是工资总额增长幅度小于经济效益增长幅度，且小于 30%；二是参考政府发布的企业工资指导线，合理确定工资总额；三是工资增长需满足国有资本保值增值；四是上年职工平均工资/前年全国城镇单位就业人员平均工资大于 2 的，工资总额应当适量少增。

表10 2022年度工资总额测算表

单位：元

工资总额预算考虑项目	2021年度	2020年度	变动幅度/结论
一、效益联动指标			
利润总额	1,444,360,169.54	1,095,350,901.45	权重60%
营业总收入	9,193,004,446.83	6,564,925,812.72	权重40%
二、效率调整指标			
劳动生产率指标：人均营业收入	24,646,124.52	17,600,337.30	40.03%
人工成本投入产出率指标：人工成本利润率	13.42	13.68	-1.85%
三、工资指导线	107,602,835.43		
2021年平均工资	288,479.45		
2020年山东省城镇非私营单位就业人员年平均工资	97,379.00		
上年职工平均工资/前年全国城镇单位就业人员平均工资	2.96		大于2，工资总额应少增
企业工资指导线（2022年未出，以2021年公布为准）			7.00%
四、工资总额增长幅度合规检查			
国有资产保值增值率	102.45%		国有资产实现增值保值
经济效益增长幅度	1.20	1.19	31.86%
当企业经济效益增长时，工资总额增长幅度不超过以下规定要求的最高增长幅度的较低值：			

续表

工资总额预算考虑项目	2021 年度	2020 年度	变动幅度/结论
(1) 当年劳动生产率未提高的，企业工资总额增长幅度应不超过经济效益增长幅度×（1-劳动生产率下降幅度）			提高40.03%，不考虑
(2) 上年人工成本投入产出率低于行业或市属企业平均值的，企业当年工资总额增长幅度不超过经济效益增长幅的90%			大于，不考虑
(3) 上年职工平均工资达到前年全国城镇单位就业人员平均工资 2 倍的，当年工资总额应适当少增			2.84，工资总额应适当少增
(4) 当年工资总额增长幅度不超过经济效益增长幅度，并且原则上不超过30%			工资总额增长幅度≤30%
五、2022 年工资总额预算			
工资总额基数			107,602,835.43
工资总额增长幅度＝效益联动系数×效率联动系数			6.71%
经济效益增长幅度			31.86%
2022 年工资总额			114,819,911.94

备注：以上财务数据取自上海城投 2021 年审计报告合并报表，政策依据山东省某县级城投国资部门发布的工资总额暂行管理办法，运用逻辑大于数据本身，仅供参考。

表11　各类指标计算公式一览表

指标分类	计算公式或说明
人工成本投入产出率指标	人事费用率、人工成本利润率
人工成本利润率	(利润总额/人工成本总额)×100%
劳动生产率指标	人均利润、人均增加值、人均营业收入、人均工作量等
人均营业收入	销售收入/人员总数
经济效益增幅	(当年利润总额预算数（实际数）/上年实际利润总额-1)×100%

指标分类	计算公式或说明
国有资产保值增值率	国有资本保值增值率＝扣除客观因素影响后的期末国有资本/期初国有资本×100% （一）企业国有资本保值增值率大于100%，国有资本实现增值； （二）企业国有资本保值增值率等于100%，国有资本为保值； （三）企业国有资本保值增值率小于100%，国有资本为减值。
效益指标增长率	利润总额增长率×60%＋营业收入增长率×40%
效率调整指标增减幅度	人均营业收入增减幅度×50%＋人工成本利润率增减幅度×50%
工资总额预算数	工资总额基数×（1＋效益指标增长率×效率调整指标增减幅度）

除以上方式外，东县集团公司也可以探索"保障性工资＋效益工资"模式，此种方法下效益工资确定方式与以上方式相同，不同之处在于设置保障性工资、效益工资的权重，由于东县集团公司属于商业二类企业，一般保障性工资占工资总额比重不超过60%，具体权重范围以主管部门规定为准。

四、国资部门核准制：工资总额管理向内部分配倾斜

若东县集团公司属于新组建的集团企业，被组建企业的主营业务涵盖工程建设与咨询、乡村振兴、劳务派遣等，员工构成上除社会招聘外，接受大量国企改制退编人员、退役军人转业安置，企业组织架构、内部管控等正处于重置阶段，原则上可比照商业二类国有企业进

行工资总额管理。县国资部门对其工资总额管理执行核准制,对公司内部薪酬管理办法实行备案制。东县集团公司已根据县国资部门要求编制工资总额预算方案并获得批准,具体内容如下:

工资总额＝政府发布的 2021 年度企业工资指导线基数

　　×指导线调节系数× (1＋指导线增长基准线)^N

　　×与企业建立正式劳动关系的职工人数

其中:

"指导线调节系数"根据县国资部门文件确定。

"N"＝计算薪酬总额的当年－政府发布企业工资指导线基数的最新年度。

根据以上标准,可测定东县集团公司 2022 年工资总额。此种模式下,国资部门给出工资总额核准标准,实际工资总额由年度工资指导线基数决定,这与公司所处的发展阶段直接相关。实务中也曾出现国资部门直接发文规定年度工资预算总金额的情况,如规定年度工资总额不超过×××× 万元,或者人均不超过×× 万元。城投公司薪酬管理的主要工作向工资总额的内部分配倾斜,需要根据权属子公司业务类型设置考核指标,将考核结果运用于内部分配。

以上工资总额确定办法均来自于项目实践,因此具有一定区域适用性。文中涉及的工资总额决定机制执行模式还需在实践中不断精进和丰富,实务操作中需结合所在地区实际情况和上级国资部门发布的工资总额管理办法及时调整,总体上以政策为指引,结合城投公司所处发展阶段、自身造血能力、人力资源成本、地区经济发展水平、行业平均工资等,量身定制工资总额决定机制,深化收入分配制度改革,实现国有资本保值增值。

第四章

薪酬体系与薪酬元素构成

国有企业薪酬改革应重点把握好整体改革与内部分配两大内容，即做好工资总额管理和内部分配管理相关工作。上一步我们就薪酬总额分享了城投公司工资总额决定机制与管理办法，第二步要全面推动内部分配制度改革。结合国有企业薪酬改革、三项制度改革等政策要求，城望集团研究总结地方城投公司薪酬内部分配办法，形成一套适用层级鲜明、薪酬结构合理、内部分配科学的薪酬体系，并在此基础上归纳总结出薪酬元素的具体构成，为地方城投公司薪酬改革提供系统化方案支持。

一、国有企业工资总额内部分配的政策要求

作为建立市场化经营机制的重要一环及三项制度改革的"牛鼻子"，国有企业薪酬改革在实际推进中要坚持顶层设计、系统思维，掌握政策要点。国家高度重视国企有企业薪酬改革工作，先后出台了与薪酬改革有关的一系列政策文件，对国企薪酬的内部分配提出了新要求。

《中共中央、国务院关于深化国有企业改革的指导意见》（2015 年 8 月 24 日）规定，要对国有企业领导人员实行与选任方式相匹配、与企业功能性质相适应、与经营业绩相挂钩的差异化薪酬分配办法。对党中央、国务院和地方党委、政府及其部门任命的国有企业领导人员，合理确定基本年薪、绩效年薪和任期激励收入。对市场化选聘的职业经理人实行市场化薪酬分配机制，可以采取多种方式探索完善中长期

激励机制。

《关于深化国有企业内部人事、劳动、分配制度改革的意见》提出，国有企业要建立收入能增能减、有效激励的分配制度。从考核角度来看，"三项制度改革"要求市场化经营机制、任期制和契约化管理。

《国务院关于改革国有企业工资决定机制的意见》（国发〔2018〕16号）规定，国有企业应建立健全以岗位工资为主的基本工资制度，以岗位价值为依据，以业绩为导向，参照劳动力市场工资价位并结合企业经济效益，本着外部具有竞争性、内部具有公平性原则，通过集体协商等形式合理确定不同岗位的工资水平，工资水平向关键岗位、生产一线岗位和紧缺急需的高技能人才倾斜，合理拉开工资分配差距，调整不合理过高收入。

基于国企薪酬改革政策要求，我们建议城投公司设置薪酬体系时，对员工分层分类管理：对组织任命的企业负责人实行年薪制；通过市场化招聘选择职业经理人；对经理层成员落实任期制与契约化管理；对企业中层及以下员工设置岗位绩效工资制；对特殊引进人才选用协议工资制，采取多种方式探索完善中长期激励机制，以灵活、丰富、多元的薪酬元素，确定薪酬结构和薪酬水平。

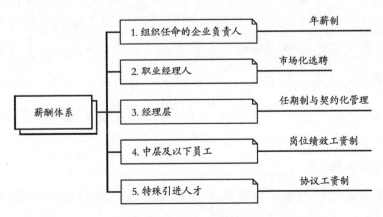

图 6　城望集团推荐的城投企业薪酬体系

二、薪酬体系模型

国企薪酬内部实行按劳分配为主、效率优先、兼顾公平的多种分配方式，需关注企业负责人或领导班子、职业经理人、经理层、中基层员工、特殊引进人才五种不同主体的薪酬分配比例、薪酬分配模式问题。

（一）企业负责人年薪制

企业负责人的界定。基于中央企业、省属、市属、县属国有企业关于薪酬管理办法的政策分析，国有企业负责人一般指国有资产监督管理局履行出资人职责的国有及国有控股企业负责人。城投公司参照此标准，企业负责人为法定代表人、董事长、党委书记及其他由国有资产监督管理局任命、管理和委托管理的人员。

薪酬结构与水平。企业负责人一般实行年薪制，中央企业、省属企业负责人薪酬由基薪、绩效薪金和中长期激励单元三部分构成；市属、县属企业负责人薪酬由基本年薪、绩效年薪、任期激励收入三部分构成；城投公司执行市属、县属国有企业负责人薪酬结构。

1. 基本年薪为国有企业负责人的年度基本收入。企业主要负责人基本年薪按不高于上年度国有企业在岗职工平均工资的 2 倍确定，其他企业负责人正职按照主要负责人薪酬的 0.9～1 倍确定，企业负责人副职按照主要负责人的 0.6～0.9 倍确定，合理拉开差距，按月支付，企业负责人不得在核定的薪酬之外以任何形式领取奖金、津贴、补贴、福利等。

2. 绩效年薪

绩效年薪是指与企业负责人年度经营业绩考核结果相联系的收入，以基本年薪为基数，根据年度考核评价结果结合绩效年薪调节系数确定：

绩效年薪＝基本年薪×年度考核评价系数×绩效年薪调节系数

其中，年度考核评价系数最高不超过2；绩效年薪调节系数最高不超过1.5。企业负责人当期绩效年薪年初可按照预计完成经营业绩目标能够所得绩效年薪的一定比例进行预发，核定年度绩效年薪后，再进行清算，多退少补。

3. 任期激励收入

任期激励收入是指与企业负责人任期考核评价结果相联系的收入，由地方国资局根据经营业绩考核结果提出核定意见，在不超过企业负责人任期内年薪总水平的30％以内确定，于任期考核后按比例延期支付。

图7　企业负责人薪酬结构

（二）职业经理人

职业经理人一般包括总经理、副总经理、财务负责人和按照公司章程规定的高级管理人员，按照"市场化选聘、契约化管理、差异化薪酬、市场化退出"原则选聘和管理，依法签订劳动合同，在充分授权范围内，依靠专业的管理知识、技能和经验实现企业经营目标。

职业经理人薪酬结构包括基本年薪、绩效年薪、任期激励、中长期激励和履职待遇及福利，按照"业绩与薪酬双对标"原则实现职业经理人薪酬水平的市场化。但其薪酬结构并不受年薪制的限制，具有一定的灵活性、创新性，可以通过加大中长期激励（如股权激励、超额利润分享、虚拟股权、项目跟投等）丰富薪酬结构。城投公司虽然大多无法借鉴"双百企业"综合运用国有控股上市公司股权激励、国有科技型企业股权和分红激励、国有控股混合所有制企业员工持股等中长期激励政策，但依然可以探索超额利润分享、虚拟股权、项目跟投等中长期激励方式，不断丰富完善职业经理人的薪酬结构。

（三）经理层任期制与契约化管理

经理层人员一般为经过地方政府、财政局、国资局批准，公司董事会以市场化方式选聘或参照市场化选聘人员管理的经理层成员，包括但不限于公司总经理、副总经理、总经理助理、财务总监、法务总监，子公司总经理、副总经理、总经理助理、市场总监等。

经理层薪酬结构可以包括基本年薪、绩效年薪、任期激励，也可以实施各种方式的中长期激励和履职待遇及福利。基本年薪按月支付，绩效年薪、任期激励先考核后兑现，可结合企业实际情况延期支付。

经理层以固定任期和契约关系为基础，根据合同或协议约定开展年度和任期考核，并根据考核结果兑现薪酬和实施聘任（或解聘），要求所有经理层人员签订"一议两书"，即岗位聘任协议、年度经营业绩责任书、任期经营业绩责任书。经理层任期一般为三年，经营业绩责任书中涉及的年度、任期考核指标要有逻辑关联，涵盖共性经济指标和个性指标。

（四）岗位绩效工资制

中基层员工的薪酬分配关系到国有企业的内部稳定，内部分配制度改革的关键是要建立健全以岗位绩效工资为主的基本工资制度。

岗位绩效工资制在执行前，需要企业完善组织架构、优化部门设置、明确岗位职责，通过岗位价值测评进行职级划分并于级内设档，建立规范的岗位管理、序列管理，同时对标市场薪酬，工资向关键岗位、生产一线岗位倾斜，构建以岗位价值为依据的薪酬激励体系。

岗位绩效工资制落地执行，可以采取灵活多元的方式。可采取岗位工资以基本工资为基数，综合考虑岗位价值测评结果、本企业人力资源成本、地区同类岗位市场薪酬等确定岗位工资；或设置岗绩比、绩固比等形式实现岗位工资与绩效工资挂钩；也可引入宽带薪酬，合理拉开不同岗位之间的工资差距，调节不合理收入，建立晋升通道。

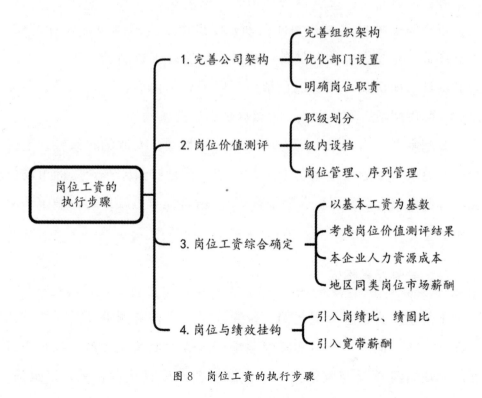

图 8　岗位工资的执行步骤

（五）协议工资制

随着国企改革不断推进，城投公司市场化发展迅速，在实行党委前置、坚守党管企业的大前提下，企业未来发展急需大量的高级技术及管理人才。为保持内部薪酬的稳定性，也为了能够吸引和留住高精尖人才，建议城投公司对于特聘的高端人才采用协议工资制。

高端人才一般是指核心的技术人才、管理人才、营销人才等。对高端人才激励，一方面要在岗位薪酬上进行适当的倾斜，合理拉开差距，另一方面可以打破现有的薪酬框架，给予特殊的薪酬待遇，或给予高端人才以中长期激励（如员工持股、超额利润分享、项目跟投等），以留住人才、激发人才的创造性。

聘任渠道方面，通过市场化招聘、内部竞聘、内部推荐、委托第三方招聘等多种形式展开聘任活动，以市场化为原则灵活设计笔试、面试环节，完成人力资源储备。对于实行协议工资制的员工，公司应与其签订书面协议，该协议包括但不限于以下内容：工资总额、薪酬结构、聘用期限、发放方式、考核办法、违约条例等。

薪酬水平方面，综合考虑从事工作的类型、人才的稀缺性、地区统计年鉴或人社通公布的行业平均工资、当地物价水平，对标市场价格（如头部招聘网站岗位薪酬报告等），由聘任双方友好协商确定薪酬水平。

三、薪酬元素构成

不同主体的薪酬分配比例、薪酬分配模式各有侧重，以下提出的各薪酬元素，是基于项目实践经验统计的普适性薪酬元素。各企业可结合企业自身情况与政策要求，自由组合或设置比例权重，以灵活、丰富、多元的薪酬元素，设置薪酬结构。

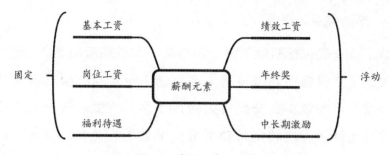

图 9 薪酬元素示意图

(一) 固定部分

固定工资是企业为了保证员工的基本生活需要，使员工每月可以定期拿到的、数额固定的劳动报酬，可包含地区最低生活保障、学历工资、职称工资、工龄工资、岗位工资等。

地区最低生活保障，一般根据地区人民政府公布的最低工资标准确定，具体数据地区人社通网站"政策法规"模块亦可查；学历工资以员工当前的最高学历原件为准，按照地区政策、对标市场水平确定具体学历工资标准；职称工资方面，按照职称证书和职业资格证书等级孰高原则，根据国家标准对照转换为职称工资；工龄工资方面，由于城投公司员工的聘用渠道比较多元化，工龄可选择社保开缴年份或入职年份起算（即可以按照"社会工龄＋司龄"或直接按司龄计算），为限制工龄工资过高，亦可合理设置工龄工资上限；岗位工资，一般考虑市场化水平、企业人力资源承受成本、事业单位水平等因素，通过岗位价值和员工技能量化所得；福利方面，除常规的休假福利、缴纳社保、公积金、企业年金外，还包括高温（防暑）补贴、供暖补贴、住房补贴、物业补贴、慰问费（节日慰问、生日慰问）等，具体补贴金额及发放方式按上级部门及工会规定执行。

（二）浮动部分

浮动工资一般包括绩效工资、年终奖、中长期激励等。

绩效工资是根据绩效考核结果确定的工资单位。根据现实情况和企业发展需要，绩效工资分配可采用以下多种方式：若公司无法按经营效益或其他科学方法核定每月可分配绩效工资总额，但员工已有既定绩效工资额度（默认该额度有效合理），可仅对员工个人既定绩效工资额度进行考核和分配；若考虑员工绩效工资与企业总体经营效益挂钩、与部门业绩挂钩，则绩效工资首先需要根据部门考核成绩在部门间进行一次分配，然后再根据员工考核情况在部门内进行二次分配；另外也可将部门经理的考核和分配放到公司层，使之与员工考核和分配分开，让部门经理利益与员工利益分开，也有利于部门经理客观公正、放开手脚来管理、考核和评价员工。

年终奖是根据全年工作完成情况确定的工资组成部分。企业年终奖的有无由领导层根据公司经营业绩确定，年度终了以企业实际利润超出目标利润的部分作为超额利润，按约定比例提取超额利润作为公司年终奖总额，在部门、员工之间合理分配。

中长期激励。《中央企业工资总额管理办法》（国资委〔2018〕39号）提出"坚持短期与中长期激励相结合，按照国家有关政策，对符合条件的核心骨干人才实行股权激励和分红激励等中长期激励措施"。为了吸引、保留、培养高端人才，构建企业的人才储备库，建议城投公司积极探索关于高端人才的中长期激励方式。目前政策中将国有企业中长期激励的方式划分为三大类：国有控股上市公司股权激励、国有科技型企业股权和分红激励以及国有控股混合所有制企业员工持股，城投公司一般难以适用。作为非上市的城投公司，可选择超额利润分享、业绩奖金、岗位分红、虚拟股权、项目跟投等方式开展直接激励，也可以选择纳入补充医疗保险、补充养老保险、岗位培训等多种形式进行间接激励。

值得注意的是，适用超额利润分享计划的企业应满足明确而具体的要求，如属于商业一类企业，已实现利润以及年初未分配利润为正值，法人治理结构健全，近三年没有因财务、税收等违法违规行为受到行政、刑事处罚。虚拟跟投对项目也有规定，项目为企业内部可以独立核算的承揽项目、科技项目、投资项目、技改项目乃至运营项目等。中长期激励制度在制定与实施的过程中需符合政策要求和企业实际情况。

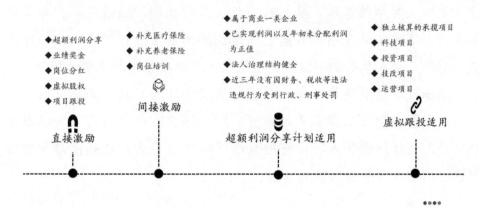

图 10　中长期激励工具图

薪酬体系的适用及薪酬元素的选择，要与企业发展阶段、国有企业类别、企业内部管控状态、人力资源现状等直接关联。城投公司领导班子成员一般由组织任命的企业负责人、任期制和契约化管理的经理层、市场化选聘的职业经理人组成，其薪酬水平、结构、管理方式不同，实际任职存在职务重叠或兼任现象，客观上加大了领导班子薪酬改革和管理的难度。

对于集团化公司，应加入集团对子公司管控制度建设，各权属子公司薪酬管理依照其主营业务和核心业务范围进行准确的功能定位，按照定位差异化设计不同的薪酬模式、薪酬水平、薪酬管理方式。

在单一城投企业内部进行薪酬分配时，薪酬体系建设建议与组织变革、选人用人机制变革联动起来，真正做到岗位、选人用人、薪酬激励一体化思考、重点推进。组织变革方面，优化组织架构、完善部门设置、明确岗位职责，通过岗位价值评估进行岗位职级划分、级内设档，实现薪酬设置向一线与苦脏险累岗位倾斜，并设立岗位晋升渠道；选人用人方面，落实职业经理人、经理层成员任期制与契约化管理，通过内部竞聘、公开招聘实现全员竞聘上岗，实行末位淘汰与不胜任退出管理制度，以使人员能进能出、薪资能增能减；薪酬激励方面主要体现为绩效考核，从目标设计、绩效沟通、绩效考核、考核结果申诉、绩效结果应用等方面建立全面的绩效考核管理办法，确保企业、部门、个人利益的一致性，实现人才与薪酬激励的正循环机制。

薪酬改革是系统化工作，需要在顶层设计的基础上不断试行，并对试行过程中出现的漏洞不断修正。随着国企改革、城投公司的市场化转型与运作持续深入，良好的薪酬体系建设将为企业高质量发展提供强有力的人才储备与智力支持。

第五章

企业负责人及董监高薪酬设计要点

为合理确定并严格规范国有企业管理人员薪酬水平，促进企业持续健康发展，推动形成合理有序的收入分配格局，根据《企业国有资产监督管理暂行条例》（2003 年 5 月 27 日中华人民共和国国务院令第378 号公布）、《中央管理企业负责人薪酬制度改革方案》《中央企业负责人薪酬管理暂行办法》（国资发分配〔2004〕227 号）等有关规定，及中央、省、市关于深化国有企业改革政策精神，结合过往项目实践经验，我们总结了城投公司企业负责人及董监高薪酬设计思路。

本文将重点对董事会、监事会、高级管理人员的薪酬进行系统分析，尤其是内部董事、外部董事、职工董事、独立董事、监事会主席、专职监事、职工监事、财务总监等人员，从薪酬管理职责、薪酬结构设置、薪酬水平标准、薪酬审核流程等多个角度逐一展开讨论。

一、企业负责人与董监高范围界定

在明确董监高薪酬设计要点前，首先探讨企业负责人与董监高人员的联系与区别。从当前政策和实际情况上看，国有企业负责人多为上级部门组织任命的管理人员，其薪酬管理对象通常包括主要负责人（董事长和总经理）和其他负责人（副总经理、总经理助理、总监等高层管理人员）。董事长、党委书记、法定代表人薪酬一般由国有企业出资人确定，其他负责人的薪酬由企业董事会制定并组织实施，报国资部门备案。

表 12　从政策看国有企业负责人范畴（以山东省为例）

序号	企业属性	企业负责人界定	政策依据
1	中央企业	列入中央和国务院国有资产监督管理委员会管理权限范围内的企业负责人	《企业国有资产监督管理暂行条例》（国务院令第378号）《中央企业负责人薪酬管理暂行办法》（国资发分配〔2004〕227号）
2	省属企业	由山东省人民政府国有资产监督管理委员会履行出资人职责的国有及国有控股企业负责人：企业法定代表人薪酬由省国资委确定；企业其他负责人的薪酬由企业董事会（不设董事会的由企业）制定并组织实施，报省国资委备案	《山东省企业国有资产监督管理条例》《山东省省管企业负责人薪酬管理暂行办法》（鲁国资分配〔2005〕5号）
3	市属企业	市政府授权德州市人民政府国有资产监督管理委员会履行出资人职责的市属国有企业中，由市委管理和市委委托管理的人员	《德州市市属国有企业负责人薪酬制度改革实施方案》（德发〔2016〕6号）《德州市市管企业负责人薪酬管理办法》（德国资〔2020〕6号）
		国有及国有控股企业董事长、党委书记	《聊城市市属国有商业类企业负责人经营业绩考核与薪酬管理办法》（聊薪改函〔2016〕1号）

续表

序号	企业属性	企业负责人界定	政策依据
4	县属企业	县政府授权夏津县政府国有资产监督管理局履行出资人职责的县属国有企业中，由县委管理和县委委托管理的人员	《夏津县县管企业负责人薪酬管理办法》（夏财资〔2020〕6号）
		由冠县人民政府国有资产监督管理局履行出资人职责的国有及国有控股企业负责人；企业董事长薪酬由县国资部门确定；企业其他负责人的薪酬由企业董事会制定并组织实施	《冠县县属国有商业类企业负责人经营业绩考核与薪酬管理办法》（聊薪改函〔2016〕1号）
		县属国有企业中由县委任命管理的企业负责人，县属国有企业指县政府授权县国资监管机构履行出资人职责和直接监管的国有独资、国有全资公司	《郯城县县属国有企业负责人薪酬管理办法（试行）》

国有企业董监高人员范畴略大于企业负责人，只有组织任命的管理人员才可以纳入企业负责人范畴。企业负责人、经理层、职业经理人，以及不属于以上三种类型的其他董监高人员，其薪酬水平、结构、管理方式不同，城投企业在做薪酬改革时应区别对待。对于组织任命的企业负责人薪酬，优先参考上级部门出具的《企业负责人薪酬管理办法》；对于任期制和契约化管理的经理层，薪酬设计优先参照监管部门出具的《经理层任期制与契约化管理办法》等文件执行；对于市场化选聘的职业经理人，薪酬管理则参考上级部门关于职业经理人的相关规定执行。为体现城投公司市场化运营需求，本文将从企业管理角度，对董事会、监事会、高级管理人员的薪酬设计逐个解析。

二、薪酬管理机构

通过政策我们知道，城投公司董事长、党委书记、法定代表人薪酬一般由国有企业出资人确定，其他负责人的薪酬可由企业董事会制定并组织实施，需报国资部门备案。

对于城投公司内部，薪酬管理工作主要集中于董事会、薪酬考核委员会。薪酬考核委员会是董事会下设的主要负责集团公司高级管理人员薪酬制度的制订、管理与考核的专门机构，向董事会报告工作并对董事会负责。

表13　城投公司薪酬管理机构

管理人员	薪酬管理机构
董事长、党委书记、法定代表人、股东派遣的专职外部董事	国资部门
其他企业负责人、其他董监高人员	董事会、薪酬考核委员会

表14　城投公司薪酬管理各机构职责表

董事会	薪酬考核委员会
主要承担以下职责： 1.批准薪酬考核委员会制订的管理人员工作岗位职责、业绩考核体系与业绩考核指标 2.审议批准薪酬考核委员会制订的管理人员薪酬制度或薪酬方案 3.批准薪酬考核委员会形成的提案	主要行使下列职权： 1.制订集团公司管理人员等的工作岗位职责 2.制订集团公司管理人员等的业绩考核体系、业绩考核指标及奖惩制度等 3.制订集团公司管理人员等的薪酬制度与薪酬标准，为集团薪酬改革提出建议 4.审查集团公司管理人员的履行职责情况并对其进行年度绩效考评 5.董事会授权委托的其他职权

三、薪酬分层分类设计思路

（一）企业负责人

根据各省、市国有企业负责人薪酬管理办法，企业负责人薪酬由基本年薪、绩效年薪、任期激励构成。基本年薪根据上年度国有企业在岗职工平均工资的 2 倍确定，主要负责人系数为 1，其他负责人为主要负责人的 0.6～0.9 倍，并根据岗位职责、承担的风险等，合理拉开企业负责人之间基本年薪的差距；绩效年薪以基本年薪为基数，根据年度考核评价结果结合绩效年薪调节系数确定，年度考核评价系数最高不超过 2，绩效年薪调节系数最高不超过 1.5；任期激励收入在任期内年薪总水平的 30％以内确定。

（二）董事会

按照相关政策要求和企业实践经验，国企董事会的董事一般包括以下几类：企业内部高级管理人员担任的董事；股东派遣的专职外部董事；股东派遣的兼职外部董事；企业员工出任的职工董事；董事会聘任的独立董事。

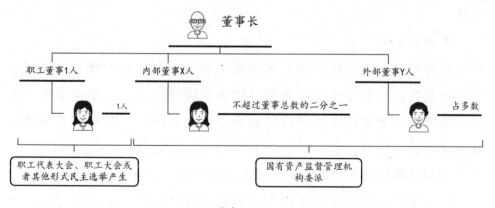

图 11　董事会构成示意图

1. 内部董事薪酬

对于国有企业的专职董事长（一般兼党委书记）、出任董事的总经理、出任董事的副总经理等类似岗位人员，一般被认为董事是从属岗位，本人的高管职务是主要岗位，取酬时依据高管岗位的职务和考核标准进行，不再根据董事岗位单独计算收入。

2. 专职外部董事薪酬

股东派遣专职外部董事，是国企改革的重要工作。根据《董事会试点中央企业专职外部董事管理办法（试行）》，以及之后各省国资监管机构跟进出台的相关制度，专职外部董事的薪酬有三大特点：

（1）国资部门决定专职外部董事薪酬，并委托有关机构负责专职外部董事薪酬的发放及管理。

（2）专职外部董事薪酬由年度薪酬（基本年薪和评价年薪）和任期激励收入构成。

（3）基本薪酬原则上每年核定一次，按月支付。

▶ 基本年薪

基本年薪根据上年度国有企业在岗职工平均工资的 2 倍确定，上年度国有企业在岗职工平均工资以人力资源和社会保障部发布的数据为准。

▶ 评价年薪

评价年薪是与专职外部董事年度评价结果相联系的收入，以基本年薪为基数，根据专职外部董事年度履职评价结果、任职企业负责人经营业绩考核结果并结合评价年薪调节系数确定。专职外部董事评价年薪核定公式如下：

评价年薪＝基本年薪×年度综合评价系数×评价年薪调节系数

①年度综合评价系数依据专职外部董事在各任职企业年度评价结果和国资部门对各任职企业负责人年度经营业绩考核结果综合确定，最高不超过 2.0。

任职企业负责人年度考核评价系数按照国有企业负责人经营业绩考核实施方案有关规定执行。

②评价年薪调节系数根据专职外部董事任职企业户数、专职外部董事在董事会或者董事会专门委员会任职岗位等因素确定，最高不超过1.5。

▶任期激励收入

任期激励收入是与专职外部董事任期评价结果相联系的收入。任期激励收入在不超过专职外部董事任期内年度薪酬总水平的30％以内确定，一次性支付。

任期激励收入＝30％×任期内年度薪酬总水平×专职外部董事任期激励系数

其中，专职外部董事任期评价结果为优秀的，任期激励系数为1.0；专职外部董事任期评价结果为良好的，任期激励系数为0.8；专职外部董事任期评价结果为基本称职的，任期激励系数为0.6；专职外部董事任期评价结果为不称职的，任期激励系数为0。

专职外部董事因非本人原因任期未满的，根据专职外部董事实际任职时间及评价结果核定任期激励收入。因本人原因三年任期未满的，不得实行任期激励。

3. 兼职外部董事薪酬

在国有集团公司子企业担任董事的，多为集团公司高层或董事会秘书、财务经理、资产部负责人等，因分管的业务接近而兼任了一些下属企业的董事。此部分董事，本身有集团公司的岗位薪酬激励，对于兼任下属公司董事岗位，根据《国有企业领导人员廉洁从业若干规定》第五条第六项的规定，不得"未经批准兼任本企业所出资企业或者其他企业、事业单位、社会团体、中介机构的领导职务，或者经批准兼职的，擅自领取薪酬及其他收入"。

根据以上规定，兼职外部董事不领取相关薪酬。

4. 职工董事薪酬

根据职工民主参与国企管理的原则，职工董事由职工代表大会选举产生，本身属于与企业签订劳动合同的员工，有本职岗位薪酬。对于兼任职工董事，薪酬待遇的规定参考《中华全国总工会关于加强公司制企业职工董事制度、职工监事制度建设的意见》："公司应当为职工董事、职工监事依法履行职责提供必要的工作条件，保证其履职所必需的工作时间，其在履行职责期间除享受正常的工资和福利待遇外，履职所发生的费用比照其他董事、监事办理。"

根据以上规定，职工董事与企业内部高管人员兼任董事仍以任职企业工作岗位作为取薪基础，只领取本岗薪酬。

5. 独立董事薪酬

独立董事独立于公司股东且不在公司内部任职，并与公司或公司经营管理者没有重要的业务联系或专业联系，对公司重大事务做出独立判断。上市公司董事会成员中独立董事的人数不能少于三分之一；非上市公司可以不设独立董事。

证监会《关于在上市公司建立独立董事制度的指导意见》规定："上市公司应当给予独立董事适当的津贴。津贴的标准应当由董事会制订预案，股东大会审议通过，并在公司年报中进行披露。"独立董事原则上最多在 5 家上市公司兼任独立董事，并确保有足够的时间和精力有效地履行独立董事的职责；独立董事在非上市公司担任独立董事的情况不受限制。

（1）薪酬或津贴水平

从《每日经济新闻》、新浪财经等披露的2020、2021年独立董事薪酬数据来看，上市公司约80％的独立董事年度薪酬低于 10 万元，2020年平均薪酬 8.5 万元。受公司经营业绩和所属行业状况影响，不同行业的独立董事薪酬人均差异明显，从高到低依次为：制造业、信息传输、软件和信息技术服务业、金融业，薪酬最低为居民服务、修理和其他服务业。

津贴水平综合考虑独立董事的工作任务、责任确定，均为税前标准，由公司统一按个人所得税标准代扣代缴个人所得税。独立董事津贴从股东大会通过当日起计算。独立董事因换届、改选、任期内辞职等原因离任的，其津贴按其实际任职时间和履职考核情况予以发放。津贴按月发放，具体发放事宜由公司董事长负责。独立董事不得从公司及其主要股东或有利害关系的机构和人员处取得本制度规定额外的独立董事津贴和未披露的其他利益。

国有资产监管机构人士在接受记者采访时表示，独董也要承担赔偿责任。根据相关政策，独立董事无故不出席董事会或股东大会的，公司将每次相应扣减缺席者津贴一千元。独立董事在任职期间，发生下列任一情形，公司可以不予发放津贴：被证券交易所公开谴责或宣布为不适当人选的；因重大违法违规行为被中国证监会予以行政处罚的；经营决策失误导致公司遭受重大损失的；公司董事会认定严重违反公司有关规定的其他情形。

（2）薪酬由谁支付

若独立董事直接为上市公司工作，薪酬一般由上市公司承担并支付，但存在"一股独大"和"内部人控制"的情况下无法保持独立性的缺点；若由政府支付，则政府作为监管者的角色会受到挑战；综合考虑，城望集团建议独立董事薪酬可由第三方中介机构发放。

（三）监事会

在对监事薪酬做出研究讨论之前，我们先关注监事会是否会取消这一问题。《公司法》修订草案第153条规定，国有独资公司今后不设监事会，也不设监事，监事会的职能由董事会下设的审计委员会负责，审计委员会的外部董事要过半数。鉴于国有独资公司是集团公司或者一级公司，而100％国有资本控股的二级公司、三级公司属于国有全资公司，有可能设立监事会，或者设立一两名监事。

为规范出资监管企业监事薪酬管理，国资部门作为股东一般会依照法定程序选聘、委派监事（含监事会主席、其他监事，不包括职工监事），我们基于目前国企改革、城投企业监事会现状，分析监事薪酬情况。

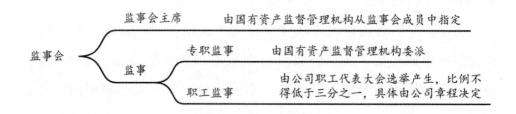

图12 监事会构成示意图

1. 监事薪酬由谁定

《国有企业监事会暂行条例》第二十一条规定：监事会成员不得接受企业的任何馈赠，不得参加由企业安排、组织或者支付费用的宴请、娱乐、旅游、出访等活动，不得在企业中为自己、亲友或者其他人谋取私利。监事会主席和专职监事、派出监事不得接受企业的任何报酬、福利待遇，不得在企业报销任何费用。从这一角度来说，国有企业监事会成员不从任职企业领取薪酬。

监事薪酬一般由委派方决定。以《江西省国资委出资监管企业内设监事会监事薪酬管理暂行办法》（赣国资监事字〔2019〕200号）为例，省国资委作为股东依照法定程序选聘、委派监事（含监事会主席、其他监事），并负责制定监事薪酬管理制度、组织实施和监督。对于职工监事、其他股东委派的监事，《公司法》第三十七条规定，股东会具有"选举和更换非由职工代表担任的董事、监事，决定有关董事、监事的报酬事项"，即非职工代表的监事会成员工资由股东会决定，职工代表的工资一般在其工资中包含。

2. 薪酬结构与薪酬水平

（1）监事会主席

监事会主席的薪酬结构可参照企业负责人的薪酬结构，由基本年薪、绩效年薪和任期激励收入三部分构成。薪酬水平按照出资监管企业副职负责人平均薪酬水平，依据考核评价结果等因素综合制定。

（2）职工监事

根据《工会法》和《公司法》，职工监事应隶属公司工会组织，应享有工会成员待遇。

（3）专职监事

若组织任命的国有独资企业监事是专职的，且本企业其他经营者（如董事长、总经理、副总经理等）已经采取年薪制，专职监事可按年薪制设计薪酬，年薪其标准可按董事长或总经理年薪的 0.7～0.9 倍确定。从级别来看，监事会主席的级别一般比该公司董事长及/或总经理低半级，监事的级别一般比该公司董事长及/或总经理低一级，故监事会主席可按董事长或总经理年薪的 0.9 倍确定，一般监事可按董事长或总经理年薪的 0.7～0.8 倍确定。是否实行年薪制，以及如何确定级别标准，需参照国资委或者同级组织部门关于地区、行业相关规定执行。

（4）其他监事

以《江西省国资委出资监管企业内设监事会监事薪酬管理暂行办法》为例，其他监事年薪按照省国资委出资监管企业相应层级人员薪酬平均水平，依据考核评价结果等因素综合确定。计算公式：

年薪＝省国资委出资监管企业相应层级人员平均薪酬×年度评价系数

年度评价系数按以下方式确定：

其他监事年度考核评价等次为优秀的，年度评价系数为1.1；年度考核评价等次为称职的，年度评价系数为1.0；年度考核评价等次为基本称职的，年度评价系数为0.85；年度考核评价等次为不称职的，年度评价系数为0.5。

省国资委出资监管企业相应层级人员平均薪酬以省国资委提供的数据为准。

（四）高级管理人员

高级管理人员是由董事会或总经理聘任的，是对公司决策、经营、管理负有领导和指挥职责的自然人。《公司法》第二百一十六条规定："公司高级管理人员，是指公司的经理、副经理、财务负责人、上市公司董事会秘书和公司章程规定的其他人员。"

1. 薪酬由谁决定

参考《董事会试点中央企业高级管理人员薪酬管理指导意见》（国资发分配〔2009〕55 号）文件，具备下列条件的公司，国资委不再直接决定其高级管理人员薪酬，由公司董事会根据国资委有关薪酬管理的原则和规定自主决定：

（1）董事会外部董事人数超过董事会全体成员半数。

（2）董事会制度健全、运作规范。

（3）董事会薪酬委员会成员全部由外部董事担任。

未达到上述条件的公司，其高级管理人员薪酬暂由国资委管理。

2. 薪酬管理职责划分

表15　薪酬管理职责划分

董事会	薪酬委员会	国资委
主要承担以下职责： 1. 决定高级管理人员薪酬策略 2. 决定高级管理人员薪酬管理和业绩考核制度 3. 决定高级管理人员薪酬方案 4. 决定高级管理人员职务消费制度及社会保障、福利等事项	主要行使下列职权： 1. 拟订高级管理人员薪酬体系和策略 2. 拟订高级管理人员薪酬管理和业绩考核制度 3. 拟订高级管理人员年度薪酬方案和中长期激励方案，组织实施高级管理人员业绩考核和评价 4. 拟订高级管理人员职务消费及社会保障、福利等制度 5. 组织落实董事会关于高级管理人员薪酬管理的有关决议和日常管理工作 6. 与国资委进行沟通，及时向国资委和公司董事会反馈相关信息	主要职责： 为公司董事会提供高级管理人员薪酬管理相关信息和政策等方面的服务，并进行指导、监督和评价

3. 薪酬体系

（1）薪酬结构

高级管理人员薪酬＝基薪＋年度绩效薪金＋中长期激励＋福利

高级管理人员薪酬结构设计应充分发挥各薪酬单元的功能作用，综合考虑固定薪酬与变动薪酬、即期薪酬与中长期激励、货币薪酬与福利待遇等关系，适度调控即期薪酬水平的增长，逐步加大中长期激励的比重，强化薪酬延期支付的约束作用。

（2）探索中长期激励

公司可根据国资委相关规定，结合公司发展战略、经营状况和行业特点，探索试行中长期激励。公司拟订的中长期激励方案应按国资委有关规定要求规范履行相应程序，在董事会审议通过后，报国资委审核批准。

（3）建立和完善福利保障制度

公司可根据国家有关政策和国资委相关规定，为高级管理人员缴纳社会保险，并根据公司经营情况，规范建立高级管理人员企业年金（补充养老保险）制度、补充医疗保险制度等福利计划，探索将高级管理人员福利保障纳入统一的薪酬体系，统筹高级管理人员与公司职工福利保障水平关系。

（4）规范兼职取酬

高级管理人员原则上不应在公司所出资企业兼职取酬。总经理不得兼职取酬；其他高级管理人员因特殊情况经董事会批准兼职取酬的，年度薪酬不应超过本公司总经理的年度薪酬水平。

4. 薪酬水平

高级管理人员薪酬水平，应重点考虑公司经营业绩考核情况及效率水平、高级管理人员选聘的市场化程度、所在行业的竞争程度及市场开放程度、同行业或同类企业业绩水平、公司内部改革和经营机制转换进展情况、高级管理人员与职工的收入差距等因素，结合高级管理人员选聘方式分类确定。

一般情况下，高级管理人员薪酬水平应在国资委的指导下，遵循《企业负责人薪酬管理暂行办法》的原则合理确定。由董事会按市场化方式聘任并签订聘任合同的高级管理人员，其薪酬可根据人才市场及公司情况采取协商的方式确定。

高级管理人员以岗定薪、按绩取酬。董事会应建立科学的高级管理人员岗位评估和经营业绩考核制度，薪酬水平与岗位职责、个人业绩相匹配，合理拉开总经理与其他高级管理人员之间的薪酬差距，避免高级管理人员之间薪酬水平平均化。

高级管理人员薪酬增长幅度不应超过公司实际经营效益（剔除会计政策调整、非经常性损益等因素）增长幅度。对公司业绩特别突出的，由董事会提出，经国资委核准，其高级管理人员薪酬水平可在按国资委有关薪酬管理办法测算水平的基础上适当上浮，但上浮幅度最高不得超过10％。公司实际经营效益下降，高级管理人员薪酬不应增长，并视效益降幅适当调减。

5.国资委派的高管：以财务总监为例

▶薪酬由谁定

以《山东省省管企业财务总监用工薪酬管理办法（试行）》（鲁国资分配〔2006〕5号）为例，国资委向出资企业委派财务总监，其薪酬标准由国资委确定；财务总监的薪酬、社会保险、住房公积金等由国资委委托任职公司发放和缴纳，对财务总监实行聘任制度和劳动合同制度，国资委负责人签发财务总监聘书，任职企业受国资委委托与财务总监订立劳动合同。

▶薪酬水平

财务总监薪酬水平与任职企业负责人副职平均收入大体相当，与派驻企业规模适当挂钩，经严格考核，薪酬水平与岗位业绩挂钩。对恪尽职守、勤勉尽责的财务总监予以奖励，对履行职责情况较差的财务总监适当惩戒。

▶薪酬结构

财务总监薪酬一般不超过派驻企业法定代表人薪酬水平，计算公式为：

财务总监薪酬＝基本薪酬＋绩效薪酬＋特别奖励

基本薪酬＝上年派驻企业法定代表人年平均薪酬×80％×60％×调节系数，调节系数的取值范围为0.9～1.1，每年核定一次，按月发放。在企业负责人薪酬确定之前，财务总监的基本薪酬暂按前年度测算标准预发。上年企业负责人平均薪酬确定后，经省国资委审核确认财务总监基本薪酬后进行调整，多退少补。

绩效薪酬与财务总监的考核情况挂钩，根据省国资委对财务总监的考核结果一次性支付，具体考核办法由国资委另行制定。

对财务总监在聘任期内工作业绩突出、为国有资产保值增值做出重要贡献的，由国资委给予特别奖励。

四、薪酬水平审核流程

(一) 企业负责人薪酬水平审核流程

《企业国有资产监督管理暂行条例》（国务院令第378号）第十九条规定："国有资产监督管理机构应当依照有关规定，确定所出资企业中的国有独资企业、国有独资公司的企业负责人的薪酬；依据考核结果，决定其向所出资企业派出的企业负责人的奖惩。"关于企业负责人薪酬水平的审核、执行、备案，具体流程是怎样呢？

我们以江苏省省属企业为例，企业负责人薪酬水平审核流程，参考办理步骤如下：

第一步，省属企业提交审计报告，根据文件规定测算企业主要负责人薪酬标准，经委务会审核通过后报省薪改办；

第二步，根据省薪改办复函，通知省属企业主要负责人薪酬标准及办理企业负责人薪酬兑现工作；

第三步，省属企业负责人薪酬兑现方案报省国资委备案；

第四步，省国资委汇总省属企业负责人薪酬备案信息报省薪改办审核；

第五步，经省薪改办审核通过的省属企业负责人备案薪酬。

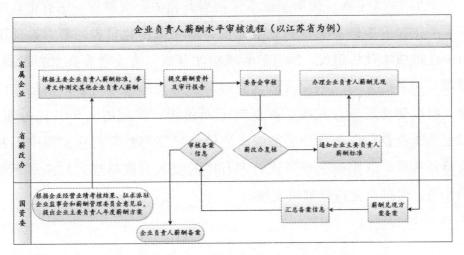

图 13　省属企业负责人薪酬水平审核流程图

（二）其他董监高人员薪酬水平审核流程

对于非组织任命、不属于国资委委派的，由城投（集团）公司考核业绩的董监高人员，其薪酬由城投（集团）公司董事会负责，履行企业内部审批流程后执行，具体流程见下表。

表 16   其他董监高人员薪酬水平审核流程

由集团决定的高级管理人员 年度薪酬方案（重大决策事项）	研究	审议	研究、决议
审核流程	集团人力资源部形成方案—集团人事分管副总提出议题—提交集团党委会研究—集团总经理办公会根据党委会研究意见进行审议—人力资源部整理审议意见，提交董事会薪酬与考核委员会研究形成议案—集团董事会进行决议		

根据 2023 年新一轮国企改革深化提升相关会议精神，国有企业应持续深化完善中国特色现代企业制度，落实市场化机制，着力推动国有企业提质增效稳增长，国资监管机构和各级国有企业要在更大范围、更深层次下更大力气纵深推进国企改革。就薪酬改革而言，从战略决策、制度建设到履行实施，都要对不同层级、类别的人员具体分析。以上关于企业负责人及董监高的薪酬设计思路仍然需要在实践中不断检验和精进，以推动企业形成合理有序的收入分配格局，发挥薪酬激励作用，促进企业持续健康发展。

第六章

经理层成员任期制和契约化管理与职业经理人制度落地实施程序

为推动城投公司加快建立灵活高效市场化经营机制，深入推进经理层成员任期制和契约化管理、建立职业经理人制度，根据国务院国有企业改革领导小组办公室《关于印发〈"双百企业"推行经理层成员任期制和契约化管理操作指引〉和〈"双百企业"推行职业经理人制度操作指引〉的通知》，结合地区政策，我们梳理了经理层成员任期制和契约化管理与职业经理人制度落地实施程序，在比较两种制度联系与区别的基础上，对不同企业采取的管理方式给出合理化建议。

一、经理层成员任期制和契约化管理

（一）适用范围

经理层成员任期制和契约化管理，适用于各级国资委管理和委托管理的、处于充分竞争行业和领域的各级控股子公司，涉及的经理层成员一般包括企业总经理、副总经理、财务负责人和公司章程规定的其他高级管理人员。

（二）管理机构

企业控股股东及其党组织负责把关、审核方案（未建立董事会的企业，其控股股东及其党组织负责组织制定相关工作方案，指导企业具体实施企业党组织）。

企业董事会负责组织制定相关工作方案、履行决策审批程序、与经理层成员签订契约、开展考核、兑现薪酬、聘任（或者解聘）。

（三）实施步骤

推行经理层成员任期制和契约化管理，企业一般应履行以下基本操作流程：

1. 制定方案、履行决策审批程序

结合实际制定工作方案，方案一般包括以下内容：企业基本情况、背景和目的、任期制和契约化管理的主要举措、监督管理的主要举措、组织保障和进度安排等。

履行决策审批程序。方案制定后，企业应按照"三重一大"决策机制，根据公司章程或者控股股东及其党组织有关要求，履行相关决策审批程序。

2. 签订一议两书

根据企业董事会建设情况实际，由企业董事会（或者控股股东）与经理层成员签订岗位聘任协议和经营业绩责任书（含年度和任期，一般由董事会授权董事长与总经理签订；董事会可以授权总经理与其他经理层成员签订；未建立董事会的企业，由其控股股东确定相关签约程序并组织实施），依法依规建立契约关系，明确双方基本信息、任期期限、岗位职责、业绩目标与考核内容、薪酬待遇、退出规定、责任追究等内容。

▶**任期期限**

经理层成员的任期期限由董事会（或者控股股东）确定，一般为三年，可以根据实际情况适当缩短或者延长。经理层成员任期期满后，应重新履行聘任程序并签订岗位聘任协议。未能续聘的，自然免职（解聘），如有党组织等职务，原则上应一并免去。

▶岗位职责

企业应明确经理层成员的岗位职责及工作分工，合理划分权责边界；制定岗位说明书，明确经理层成员的岗位职责和任职资格；制定权责清单，规范董事会（或者控股股东）与经理层、总经理与其他经理层成员之间的权责关系；健全完善各治理主体议事规则。

▶业绩目标与考核内容

考核内容及指标。根据岗位职责和工作分工，按照定量与定性相结合、以定量为主的导向，确定每位经理层成员的考核内容及指标。年度和任期经营业绩考核内容及指标应适当区分、有效衔接。

考核指标的目标值。目标值应科学合理、具有一定挑战性，一般根据企业发展战略、经营预算、历史数据、行业对标情况等设置。

▶薪酬待遇

经理层成员薪酬结构一般包括基本年薪、绩效年薪、任期激励等。

（1）基本年薪是经理层成员的年度基本收入，按月固定发放。

（2）绩效年薪是与经理层成员年度经营业绩考核结果挂钩的浮动收入，原则上目标绩效年薪占年度薪酬（基本年薪与绩效年薪之和）的比例不低于70%。

（3）任期激励是与经理层成员任期经营业绩考核结果挂钩的收入。

鼓励省属企业综合运用国有控股上市公司股权激励、国有科技型企业股权和分红激励、国有控股混合所有制企业员工持股等中长期激励政策，采取超额利润提成、项目跟投、虚拟股权等中长期激励方式，不断丰富、完善经理层成员的薪酬结构。

薪酬确定和支付。薪酬分配应当根据业绩考核结果，体现奖优罚劣，合理拉开分配差距，充分调动经理层成员积极性。年度经营业绩考核不合格的，扣减全部或者部分绩效年薪。

根据有关规定建立薪酬延期支付和薪酬追索扣回制度，并在岗位聘任协议中予以明确并严格执行。

▶退出规定与责任追究

加强对经理层成员任期内的考核和管理，经考核认定不适宜继续任职的，应当中止任期、免去现职（解聘）。一般包括以下情形：

（1）年度经营业绩考核结果未达到完成底线（如百分制低于70分），或者年度经营业绩考核主要指标未达到完成底线（如完成率低于70%）的。

（2）连续两年年度经营业绩考核结果为不合格或者任期经营业绩考核结果为不合格的。

（3）任期综合考核评价不称职，或者在年度综合考核评价中总经理得分连续两年靠后、其他经理层成员连续两年排名末位，经分析研判确属不胜任或者不适宜担任现职的。

（4）对违规经营投资造成国有资产损失负有责任的。

（5）因其他原因，董事会（或者控股股东及其党组织）认为不适合在该岗位继续工作的。

对中止任期、免去现职（解聘）的经理层成员，可按照管理权限和人岗相适原则，综合运用转岗、竞聘上岗等方式妥善做出安排，薪酬待遇按照岗变薪变、以岗定薪原则确定。

3. 开展年度及任期考核

严格按照契约约定开展年度和任期经营业绩考核，强化考核刚性。

董事会（或者控股股东）对经理层实施年度和任期经营业绩考核。年度经营业绩考核以年度为周期进行，一般在次年年初进行。任期经营业绩考核一般结合任期届满当年年度经营业绩考核一并进行。考核期末，董事会（或者控股股东）依据经审计的财务决算数据等，对经理层成员考核内容及指标的完成情况进行考核，形成考核与奖惩意见，并反馈给经理层成员。

经理层成员对考核与奖惩意见有异议的，可及时向董事会（或者控股股东）反映。最终确认的考核结果应在一定范围内公开。

4. 考核结果应用于薪酬与奖惩

依据年度和任期经营业绩考核结果，结合综合评价结果等确定薪酬、决定聘任（或者解聘），强化兑现刚性。

二、职业经理人制度

（一）适用范围

职业经理人适用于各级国资委管理和委托管理的、处于充分竞争行业和领域的各级控股子公司，指按照"市场化选聘、契约化管理、差异化薪酬、市场化退出"原则选聘和管理的高级管理人员。职业经理人可以在经理层成员中全面推行，也可以针对部分岗位推行。

支持鼓励具备以下条件的企业加快推行职业经理人制度：

1. 主业处于充分竞争行业和领域，或者主要从事新产业、新业态、新商业模式。

2. 人力资源市场化程度较高。

3. 建立了权责对等、运转协调、有效制衡的决策执行监督机制。

4. 董事会重大决策、选人用人、薪酬分配等权利依法得到有效落实。

5. 混合所有制改革企业优先推行职业经理人制度。

根据《"双百企业"推行职业经理人制度操作指引》，推行职业经理人的岗位一般包括总经理（总裁、行长等）、副总经理（副总裁、副行长等）、财务负责人和按照公司章程规定的高级管理人员。

（二）管理机构

企业控股股东及其党组织对推行职业经理人制度工作发挥领导和把关作用，负责对相关工作方案把关，特别是在确定标准、规范程序、参与考察、推荐人选等方面。

企业董事会依法选聘和管理职业经理人，负责组织制定相关工作方案和管理制度、履行决策审批程序、组织开展选聘、参与考察、决定聘任或者解聘、开展考核、兑现薪酬等。

企业党组织会同董事会制定相关工作方案和管理制度，并组织人选推荐考察、背景调查等工作，集体研究后向董事会提出意见建议。

（三）实施步骤

企业推行职业经理人制度，一般应履行以下基本操作流程：

1. 制定方案、履行决策审批程序

企业结合实际制定工作方案，一般包括以下内容：企业基本情况、背景和目的、职数设置、岗位职责、任职条件、选聘方式、选聘程序、薪酬标准、业绩目标、考核规定、退出规定、组织保障和进度安排等。

方案制定后，按照"三重一大"决策机制，根据公司章程或者控股股东及其党组织有关要求，履行相关决策审批程序。

2. 市场化选聘

一般包括制定招聘方案、发布招聘公告、报名及资格审查、实施面试评估等综合考评、组织考察或者背景调查、做出聘任决定等。

职业经理人选聘面向企业内外部经营管理人才，主要采取竞聘上岗、公开招聘、委托推荐等方式择优选聘。

▶选聘标准

坚持业绩导向、市场导向。人选应具有良好的职业道德、职业操

守、职业信用，熟悉企业经营管理工作，以往经营业绩突出，在所处行业或者相关专业领域有一定认可度，近五年无因违纪违法受到党纪政务处分、行政刑事处罚记录。

▶人选来源

坚持五湖四海、任人唯贤。一般包括本企业内部人员、股东推荐人员、社会参与人员、人才中介机构推荐人员等，不受企业内外、级别高低、资历深浅限制。

▶职数设置

坚持按需设岗、精简高效。经理层职数依据企业规模大小和实际情况确定，并载入公司章程，一般不多于4人，最多不超过6人。

▶选聘程序

坚持公平公正、竞争择优。一般包括以下环节：

（1）用人单位将职业经理人选聘方案书面征求企业控股股东及其党组织意见。

（2）征求意见同意后，启动选聘程序。考察人选确定后，企业按照程序进行考察，不具备考察条件的，要做好背景调查和能力、素质评估，确保人选质量。

（3）企业党组织召开会议研究拟聘人选。

（4）将企业党组织意见、考察情况、廉政鉴定意见等按管理权限报送企业控股股东及其党组织备案。

（5）企业董事会按照法律规定履行聘任程序。

本企业内部人员参与竞聘职业经理人的，个人应当先行提出申请，承诺竞聘成功后放弃原有身份、解除（或者终止）聘任关系后不得要求恢复原有身份待遇，并遵守职业经理人管理的相关规定。推行职业经理人制度岗位上的现任经理层成员，不参加或者未选聘为职业经理人的，由企业安排适当工作。

符合条件的职业经理人，可以按照有关规定进入企业党组织领导班子。

3. 签订契约

企业与职业经理人签订劳动合同、聘任合同、经营业绩责任书等，以契约方式明确聘任岗位、聘任期限、任务目标、权利义务、考核评价、薪酬标准、履职待遇及福利、奖惩措施、续聘和解聘条件、保密要求、竞业禁止、违约责任等内容。

▶任期期限

职业经理人实行聘任制。职业经理人聘任期限由董事会决定，原则上不超过三年，可以根据实际情况适当延长。董事会可以依法对职业经理人设置试用期。

▶契约实现形式

企业应与职业经理人签订劳动合同、聘任合同和经营业绩责任书（年度和任期）。本企业内部人员选聘为职业经理人的，一般应重新签订劳动合同。

董事会授权董事长与职业经理人签订聘任合同，聘任期限原则上应与劳动合同期限保持一致。根据聘任合同，董事会授权董事长与总经理签订年度和任期经营业绩责任书，董事会可以授权总经理与其他职业经理人签订年度和任期经营业绩责任书。经营业绩责任书一般包括以下内容：双方基本信息，考核内容及指标，考核指标的目标值、确定方法及计分规则，考核实施与奖惩及其他需要约定的事项。

▶考核内容及指标

考核以经营业绩考核指标为主，根据岗位职责和工作分工，确定每位职业经理人的考核内容及指标，年度和任期经营业绩考核内容及指标应适当区分、有效衔接。

董事会可以结合实际对职业经理人进行试用期考核和任期考核。

考核指标目标值设定应当对标行业标杆、具有较强的挑战性，力争在所处行业效益水平有较大提升。考核指标目标值应当结合本企业历史业绩、同行业可比企业业绩情况等综合确定。

▶差异化薪酬

薪酬结构。职业经理人薪酬结构可以包括基本年薪、绩效年薪、任期激励，也可以实施各种方式的中长期激励，具体由董事会与职业经理人协商确定：

（1）基本年薪是职业经理人的年度基本收入。

（2）绩效年薪是与职业经理人年度经营业绩考核结果相挂钩的浮动收入，原则上目标绩效年薪占年度薪酬（基本年薪与绩效年薪之和）的比例不低于70%。

（3）任期激励是与职业经理人任期经营业绩考核结果挂钩的收入。

鼓励企业综合运用国有控股上市公司股权激励、国有科技型企业股权和分红激励、国有控股混合所有制企业员工持股等中长期激励政策，采取超额利润提成、项目跟投、虚拟股权等中长期激励方式，不断丰富完善职业经理人的薪酬结构。

职业经理人履职待遇及福利，参照各企业制定的企业负责人履职待遇、业务支出管理办法，由董事会与职业经理人协商确定。

薪酬水平。职业经理人薪酬总水平应当按照"业绩与薪酬双对标"原则，根据行业特点、企业发展战略目标、经营业绩、市场同类可比人员薪酬水平等因素，由董事会与职业经理人协商确定。企业其他人员的薪酬不与职业经理人的薪酬挂钩。

薪酬支付和追索扣回。基本年薪按月支付；绩效年薪、任期激励先考核后兑现，可结合企业实际情况延期支付；中长期激励收入在董事会与职业经理人签订的聘任合同约定的锁定期到期后支付或者行权；解除（或者终止）聘任后（聘期届满考核合格但不再续聘的除外），原则上不得兑现当年绩效年薪、任期激励和其他中长期激励收入；实行薪酬追索扣回制度，企业应根据有关规定建立薪酬追索扣回制度，并在聘任合同中予以明确。

▶退出机制

建立职业经理人市场化退出机制，依据职业经理人聘任合同约定和经营业绩考核结果等，出现以下情形的，应解除（或者终止）聘任关系：

（1）考核不达标的，如：年度经营业绩考核结果未达到完成底线（如百分制低于 70 分）；年度经营业绩考核主要指标未达到完成底线（如完成率低于 70%）；聘任期限内累计两个年度经营业绩考核结果为不合格；任期经营业绩考核结果为不合格。

（2）对于开展任期综合考核评价的，评价结果为不称职的。

（3）因严重违纪违法、严重违反企业管理制度被追究相关责任的。

（4）聘任期间对企业重大决策失误、重大资产损失、重大安全事故等负有重要领导责任的，或者对违规经营投资造成国有资产损失负有责任的。

（5）因健康原因无法正常履行工作职责的。

（6）聘期未满但双方协商一致解除聘任合同或者聘期届满不再续聘的。

（7）试用期内或者试用期满，经试用发现或者试用考核结果不适宜聘任的情形。

（8）董事会认定不适宜继续聘任的其他情形。

辞职规定。职业经理人因个人原因辞职的，应依据《中华人民共和国劳动合同法》和签订的聘任合同有关条款，提前 30 日提出辞职申请。未经批准擅自离职、给企业造成损失的，依法依规追究其相应责任。

退出规定。职业经理人解除（或者终止）聘任关系的同时，如有党组织职务应当一并免去。根据本人意愿，可以参加其他岗位的市场化竞聘，按照岗变薪变要求享受相应待遇。不参加或者未能竞聘其他岗位的，依法解除（或者终止）劳动关系。

4.开展考核

董事会严格按照契约约定对职业经理人实施年度和任期经营业绩考核，强化考核刚性。年度经营业绩考核以年度为周期进行考核，一般在次年年初进行。任期经营业绩考核一般结合聘任期限届满当年年度经营业绩考核一并进行。考核期末，董事会依据经审计的企业财务决算数据等，对职业经理人考核内容及指标的完成情况进行考核，形成考核与奖惩意见，并反馈给职业经理人。职业经理人对考核与奖惩意见有异议的，可及时向董事会反映。

依据年度和任期经营业绩考核结果等确定薪酬、决定聘任（或者解聘），强化兑现刚性。

三、两种制度的联系与区别

经理层任期制和契约化管理与职业经理人管理将是国有企业经理层长期存在的两种管理制度，厘清两者区别、联系，并结合企业自身企业情况才能全面地认识、用好契约化和职业经理人制度，真正解决企业在改革发展中存在的主要矛盾和问题。

表 17 经理层任期制和契约化管理与职业经理人管理的联系与区别

比较	比较内容	经理层成员任期制和契约化管理	职业经理人制度
联系	管理机构	企业控股股东及其党组织、企业董事会	
	适用企业范围	各级国资委管理和委托管理的、处于充分竞争行业和领域的各级控股子公司	
	薪酬结构	基本年薪＋绩效年薪＋任期激励＋中长期激励＋履职待遇及福利	
	薪酬支付	基本年薪按月支付，绩效年薪、任期激励先考核后兑现，可结合企业实际情况延期支付，中长期激励收入在聘任合同约定的锁定期到期后支付或行权	

比较	比较内容	经理层成员任期制和契约化管理	职业经理人制度
区别	管理方式	以固定任期和契约关系为基础，根据合同或协议约定开展年度和任期考核，并根据考核结果兑现薪酬和实施聘任（或解聘）	按照"市场化选聘、契约化管理、差异化薪酬、市场化退出"原则选聘和管理，在充分授权范围内依靠专业的管理知识、技能和经验，实现企业经营目标
		经理层任期制契约化	职业经理人＝经理层任期制契约化＋市场化进出－国企干部身份和行政级别
	人员来源	总经理、副总经理、财务负责人和公司章程规定的其他高级管理人员	本企业内部人员、股东推荐人员、社会参与人员、人才中介机构推荐人员等，不受企业内外、级别高低、资历深浅限制，可以在经理层成员中全面推行，也可以针对部分岗位推行
	协议签订	签订岗位聘任协议、年度＆任期经营业绩责任书，对劳动合同无硬性要求	要依法签订劳动合同、聘任合同和经营业绩责任书，本企业内部人员选聘为职业经理人的，一般应重新签订劳动合同
	人事管理	内部聘任，一般有任命文件或通知	市场化选聘
	任期	一般为三年，可以根据实际情况适当缩短或者延长	原则上不超过三年，可以根据实际情况适当延长
	考核指标	科学合理、具有一定挑战性	目标值要求具有较强的挑战性，力争跑赢市场、优于同行
	绩效年薪比例	占年度薪酬（基本年薪与绩效年薪之和）的比例不低于70％	占年度薪酬（基本年薪与绩效年薪之和）的比例不低于60％
	薪酬水平	根据需要调整，可按企业主要负责人薪酬的0.6～0.9倍执行	按照"业绩与薪酬双对标"原则，根据行业特点、企业发展战略目标、经营业绩、市场同类可比人员薪酬水平等因素，由董事会与职业经理人协商确定
	退出机制	考核不合格的情况处理有一定弹性，进行任期终止和免去现职	解除（或者终止）聘任关系，聘任关系和党的职务要一并免去

经理层任期制和契约化管理与职业经理人管理是城投公司深化改革的重要抓手，也是激发企业活力，增强企业竞争力的重要举措。为完善制度落实，除厘清两者联系与区别外，城投公司还应根据企业分类、发展需要、内部人才储备等情况采取适合的管理方式：

（1）对主业处于关系国家安全、国民经济命脉的重要行业和关键领域，主要承担重大专项任务的商业类国有企业和公益类国有企业应该以组织任命为主，市场化选聘为辅。

（2）对主业处于充分竞争行业和领域的商业类国有企业，可以组织任命和市场化选聘相结合，逐步扩大市场化选聘的比例，对于符合条件的市场完全充分竞争行业可以建立职业经理人制度。

第七章

中基层员工岗位绩效工资制实施步骤

当前城投公司的组织架构遵循三会一层结构，部分国资监管机构亦颁发"三定""六定"方案，或发布《国有企业改革重整重组方案》《国有企业集团公司组建方案》等，对城投公司的主营业务、组织架构、部门设置、人员编制、薪酬绩效改革进行统筹规划。在遵守上级部门文件要求的情况下，合理进行岗位设置、拟定与绩效挂钩的薪酬制度，是城投公司发挥主观能动性、推进薪酬改革的重要举措。

本文分步骤介绍岗位绩效工资制实施全过程，通过岗位价值测评进行职级划分，通过级内设档区分能力等级，引入市场因素、综合考虑城投公司实际情况确定薪酬水平，实现以岗定薪、以绩定薪、岗变薪变，促进城投公司实现工资能增能减、人员能上能下，薪酬分配向业绩突出岗位倾斜。

文中"中基层员工"，特指中层部门负责人（含副职）、部门内一般人员。

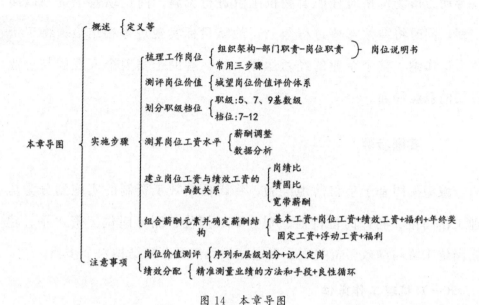

图 14　本章导图

一、概况综述

一般来说，城投公司部门设置中除总经理办公会、党委办公室外，通常设置行政（或综合）、人力资源、财务、投融资（或分设）、审计监察、项目管理、集中采购、招投标、法务等部门。这些部门涉及的中基层员工涵盖部门正职、部门副职（如有）、核心技术、业务顾问、一般职工、后勤辅助等岗位。为确定不同岗位的价值贡献、科学评价岗位任职人员的业绩贡献，建议城投公司选择岗位绩效工资制度作为中基层员工薪酬分配的实施办法。

岗位绩效工资制是目前相对主流的工资制度，也是事业单位薪酬改革的主要方向。它以岗位价值和业绩因素为主要分配依据，同时考虑任职者个人因素以及人力资源市场价格因素，根据岗位价值确定岗位基准工资等级，根据业绩情况确定实际绩效工资，根据个人情况以及劳动力市场价格对任职者岗位工资进行调整。岗位绩效工资制以岗定薪，同时将绩效考核过程与公司战略目标实现过程相结合，将工资体系运作纳入整个企业的经营运作之中，有助于实现个人发展与企业发展的双赢局面。

二、实施步骤

城望集团基于项目落地经验，将岗位绩效工资制的实施划分为梳理工作岗位、测评岗位价值、划分职级档位、测算岗位工资水平、建立岗位工资与绩效工资关联、确定薪酬元素及薪酬结构六个步骤。

（一）梳理工作岗位

岗位梳理前，城投公司需完善组织架构设计、规划好部门设置，并明确各部门责任，根据组织架构逐步将工作职责从战略层面分解至各部门、岗位及具体的员工，实现团队分工协同。

部门职责明确后，分管领导、部门负责人、人力资源部根据部门职责细分岗位、进行岗位设计。岗位设计时应遵循有利于工作目标实现、关注合理分工协作、注重责权利相对应的原则。常用步骤为：

1.基于公司目前1～2年实际情况，通过访谈、问卷、关键事件、工作日志、观察等方法（实务中通常会以访谈法为主，另辅助其他1～2种方法），以通俗易懂的方式，列出部门所有工作职责。

2.按照不同的属性对职责进行归类，依据轻重缓急进行排序，设计岗位类型，定义岗位职责、权限、任职资格等，完成岗位设计。

3.输出岗位说明书，岗位说明书应包含岗位的基本信息、职责描述、任职资格等。

表 18　工程部正职岗位职责说明书示例

一、基本资料			
岗位名称	工程部正职	所属部门	工程部
直接上级	分管副总	直接下属	8
岗位编制	1	其他信息	

二、岗位工作目标
统筹全过程造价管理，做好项目的成本测算管理、项目成本管理以及项目决算工作；统筹组织现场管理工作……

三、岗位职责与工作任务	
职责一	职责描述：统筹全过程造价管理工作。
	具体工作：
	1.统筹组织参与工程项目前期投资分析，进行各工程项目的成本测算……
…	…

四、岗位主要权限	
1	招投标的过程监督权
…	…

五、工作协作关系		
	沟通部门/岗位	沟通内容/结果
公司内部		
公司外部		

六、任职条件	
学历	本科及以上学历
专业	工程管理、土木工程等相关专业优先
经验	5年以上工程相关工作经验
知识	…
技能	…

(二) 测评岗位价值

岗位价值测评于岗位梳理完成后实施，通过特定方法对所有岗位的相对价值进行评估打分，划出岗位相对价值层次。

1.测评方法

岗位价值评价方法和工具分为量化和非量化两类。当评价岗位较多时，建议优先考虑计分法，其优点是结果量化直观，便于不同岗位间的价值比较。本文根据项目实践情况分享城望岗位价值评价体系。

本评价体系共分为责任因素、知识技能因素、努力程度因素等三大因素共计27个层面，对城投公司各个岗位进行测算评价，依据岗位分析和测算结果划分岗位等级，最终采取岗位分级、级内设档、一岗多薪的方法确定各岗位工资。因企业具体情况不同而选择不同的评估因素，通常不会27个因素全部使用，有的企业选择24个因素，有的企业选择21个因素。

表19　某公司工程部各岗位价值

测评分数统计表

薪酬因素			正职	副职	主管	专员
I	II	III				
工作责任	监管责任	管理责任	32	24	16	8
		人事责任	32	24	16	8
		岗位责任	40	32	24	24
		安全防范责任	40	32	24	24
	经济	质量造成的经济损失	25	25	25	20
		期限造成的经济损失	25	25	25	20
	风险	生产造成的经济损失	25	25	25	20
		人身安全经济损失	25	20	20	20
	工作关系	内部关系	20	16	12	12
		外部关系	20	16	12	12
	岗位权限	决策参与程度	33	27	21	7
		管理决策级别	27	21	14	7
		工作计划层次	27	21	14	7
工作技能	学历水平		30	30	30	20
	工作经验		40	30	30	20
	能力要求	专业技术能力	24	24	16	16
		协调与运作能力	30	24	24	18
		决策与应对能力	30	24	24	18
	工作创新与开拓性	开拓创新程度	50	40	30	20
		工作非程序化程度	50	40	30	20

薪酬因素			正职	副职	主管	专员
I	II	III				
努力程度	工作负荷	工作负荷度	30	24	24	18
		工作复杂度	32	24	16	8
		工作复合度	24	18	12	6
	工作强度	身体的疲劳程度	4	4	4	4
		心理压力	20	16	16	8
		工作的单调性	4	4	4	4
	工作频率		40	32	32	16
工作条件	危害程度		16	16	16	16
	工作地点		24	16	8	8
总点数			819	674	564	409

2. 测评程序

岗位价值测评一般由城投公司人力资源部或聘请的第三方组织进行:

(1)成立评估小组,成员包括但不限于城投公司董事会成员、监事会成员、国资监管部门负责人、各部门分管领导与负责人、人力资源部、第三方咨询机构等。

(2)评分辅导及组织各岗位评分。

(3)指定计分员统计分值,汇总打分结果并告知组织者。

(4)组织者负责录入结果,并计算偏离率,分析打分情况。

(5)分值与实际岗位价值偏差较大的,评估成员阐明打分理由,在自由讨论的基础上达成共识,经第三方机构给出评估意见,报企业负责人审批后,相关评估专家修订分值。

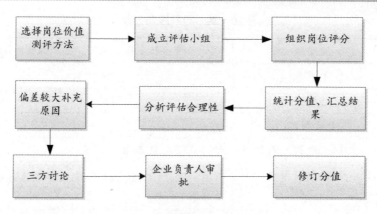

图 15 岗位价值测评流程图

（三）划分职级档位

职级划分是在对岗位价值测评数据分析的基础上，对企业所有岗位划分薪酬等级。薪酬等级是在岗位价值测评结果基础上建立起来的一个基本框架，它将岗位价值相近的岗位归入同一个管理等级，并采取一致的管理方法处理该等级内的薪酬管理问题。

薪酬等级划分需考虑企业文化、所属行业、员工人数、发展阶段、组织架构等。岗位职级越多，薪酬管理制度和规范要求越明确，但容易导致机械化；岗位职级越少，相应的灵活性也越高，但容易使薪酬管理失去控制。岗位职级的划分可参照一些常规经验：跨国公司一般分为 25 级左右；1000 名左右的生产型企业分为 15～16 级；100 人的组织 9～10 级；国有企业根据职务设置 1～10 级；城投公司职级数量集中在 5、7、9 等奇数级，在岗职工人数与主营业务较为复杂的，可适当增加 1～2 级。

同一职级内部，通过设置不同档位，体现同一岗位不同的工作职责和绩效价值。城投公司档位设置一般为 7～12 级，以绩效考核结果为标尺，奖优惩劣，实现人员能上能下、工资能增能减。

表20　某公司职级划分表

职级	管理岗	专业技术岗	操作和服务岗
七	董事长		
六	总经理		
五	分管副总		
四	部门正职：党群、人力资源、综合行政、财务、审计风控、纪检等	部门正职：发展运营、投融资、采购管理、工程、设计等	
三	部门副职：党群、人力资源、综合行政、财务、审计风控、纪检等	部门副职：发展运营、投融资、采购管理、工程、设计等	
二		一般员工：投融资、资产管理、工程管理、造价、招投标等	一般员工：会计、文秘、出纳、人事管理、档案管理等
一		无具体岗位的司机	
		机动岗位及待岗等	

（四）测算岗位工资水平

根据上一步岗位职级档位划分的结果，需要对不同级别的岗位设定薪酬水平。薪酬水平的设定要考虑企业薪酬策略和外部薪酬水平，以保证公司薪酬的外部竞争性和公平性，保障公司薪酬的吸引力，控制公司重点岗位员工的流失。

岗位薪酬调查常有调查文献资料、委托机构查询、薪酬问卷调研、招聘网站获取、目标客户获取等多种渠道，在此基础上凭借数据排列分析法、频率分布分析法、回归分析法、趋势分析法、云计算等多种方式，考虑企业发展阶段、企业规模、市场化程度、职业发展通道、薪酬总额的控制等因素后，确定岗位工资水平。

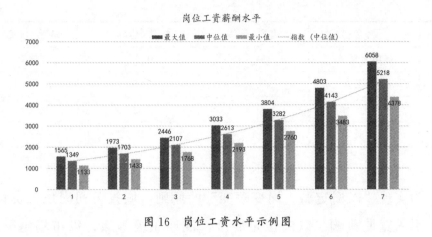

图16　岗位工资水平示例图

（五）建立岗位工资与绩效工资之间的函数关系

根据前文所述和项目落地情况，我们在此分享岗绩比、绩固比、宽带薪酬三种岗位工资与绩效工资关联方式。

岗绩比，即建立岗位工资与绩效工资的比例关系。以测定的岗位工资水平为基数，在考虑城投公司上年度工资总额、本年度工资总额预算、整体薪酬结构中各薪酬元素占比情况下，建立岗位工资与绩效工资的比例关系。一般级别越高，绩效比重越大，绩效工资占岗位工资的比例一般为20％～50％。

绩固比，绩效工资是通过绩效考核结果测算的工资单元，可通过灵活设置绩效工资占固定工资比例，实现岗位工资与绩效工资关联。岗位职级越高，绩固比越大。我们以职级五级为例，展示绩固比设置趋势。

表21　某公司绩固比设置参数

职级	岗位	固定/总体	绩效/总体	绩效/固定
五	总经理	0.5	0.5	1.00
四	副总经理	0.6	0.4	0.67

职级	岗位	固定/总体	绩效/总体	绩效/固定
三	部门负责人	0.7	0.3	0.43
二	一般员工	0.75	0.25	0.33
一	勤务人员	0.8	0.2	0.25
	待岗员工	1	0	—

为实现"以岗定薪、岗变薪变"的原则，城投公司岗位工资设计也可引入宽带薪酬：以岗位定职级，设计职级等级；以市场定分位，设计薪酬宽带；以能绩定薪酬，确定员工位置，以实现对价值创造者加大薪酬激励的目的。实施步骤：在岗位职级档位划分后，结合内外部薪酬数据测算宽带薪酬表，一般设置参数为：宽幅区间 50% ～ 150%，极差范围 30% ～ 40%，递增系数 8% ～ 30%。在宽带薪酬标准确定的基础上，结合岗位价值测评确定的岗位职级，把所有岗位纳入新的宽带薪酬体系。

(六) 组合薪酬元素并确定薪酬结构

企业所采取的薪酬结构不同，薪酬体系中所涉及的职级数量、档位工资标准也会有很大区别。因此，企业必须要确定具体的薪酬结构。

岗位绩效工资制的薪酬结构并不是一成不变的。除了必要的岗位工资、绩效工资外，还可以根据企业实际情况多元化设置薪酬结构。基于项目实践经验，我们分享以下城投公司常用的两种薪酬结构：

1. 基本工资＋岗位工资＋绩效工资＋福利＋年终奖

此种薪酬结构是城投公司运用较为广泛的。由于城投公司人员构成中存在大量撤改安置、国企改革退编、退役专业安置人员，为兼顾不同人群的诉求，基本工资可拆分为最低工资、学历工资、工龄工资、职称工资等。

岗位工资通过岗位价值和员工技能的量化薪酬所得，员工的岗位工资取决于当前岗位的工作性质和工作内容，以及岗位所需匹配的能力素质等因素。

绩效工资是根据绩效考核结果确定的工资单位，在考虑企业工资总额、当前薪酬结构、绩效考核结果等因素后，通过岗绩比或绩固比建立绩效工资与岗位工资的关联，体现多劳多得。

福利方面一般体现为物业补贴、住房补贴、交通补贴、取暖补贴、防暑补贴等，具体补贴金额、补贴种类、发放方式根据各城投公司上级部门下发的补贴文件执行。

年终奖大多属于超额利润分享，也有城投公司以十三薪作为年终奖计发。

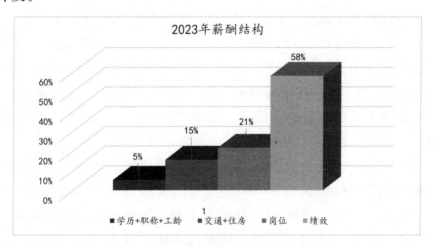

图 17 某公司薪酬元素及结构示意图

2. 固定工资＋浮动工资＋福利

固定工资为涵盖基本生活保障的工资单元，浮动工资由绩效工资、年终奖等构成。固定工资、浮动工资通常有两种切分方法：

一是先依据岗位评价和外部薪酬水平确定不同岗位的总体薪酬水平，再对各个岗位的总体薪酬水平进行拆分，如：某岗位总体工资水平（100％）＝固定工资（40％）＋浮动工资（60％）。固定工资一般为岗位工资的 30％～90％，设计这个比例时一般依据以下原则：根据岗位工作性质以及岗位层级确定，其最小值应超过当地最低工资标准，保证员工最基本生活需要。

二是先依据岗位评价和外部薪酬水平确定各个岗位的固定工资水平，再在各个岗位固定工资的基础上上浮一定比例，使各个岗位薪酬的总体水平处于市场薪酬平均水平，示例：某岗位总体工资水平＝固定工资＋浮动工资（浮动工资为固定工资的一定比例，如30％）。在员工绩效考核不达标时，其总薪酬水平低于市场水平；考核结果较好时，其总薪酬水平就会持平或高于市场薪酬水平，体现激励作用。

福利方面依据上级部门文件执行即可。

三、注意事项

岗位绩效工资制的实施，关键在于岗位价值测评和绩效分配。

岗位价值测评的实行需要城投公司具备以下管理基础：一是可将公司岗位划分为合适的序列和层级，能明晰各岗位的责权匹配，同时对各岗位的任职资格有明确的认定；二是可以识别员工的能力素质，并将合适的人放在合适的岗位上，减少"人才浪费"以及"拔苗助长"现象。

为落实岗位绩效工资制，除岗位价值测评外，要明确建立岗位工资与绩效工资之间的函数关系，同时要求城投公司有精确测量业绩的方法和手段：业绩标准要制订得科学客观；业绩衡量要公正有效，衡量结果应与工资结构挂钩，要在周期内不断完善考核制度以达到对员工正向激励的良性循环。

岗位绩效工资制遵循以岗定薪、岗变薪变、关联考核、兼顾公平的原则，打破城投公司普遍存在的"大锅饭"现象，体现工资"按劳分配、多劳多得"；在确定岗位工资水平时，引入市场机制，使薪酬分配逐步向市场劳动力价位靠拢，激发员工活力；通过绩效考核把员工个人业绩与团队业绩有效结合起来，促进员工价值观念的有效统一，形成吸引人才和留住人才的良好机制，有益于企业可持续发展。

第八章

特殊人才协议工资制薪酬设计思路

城投公司市场化转型后发展迅速，未来几年将急需大量的高级技术及管理人才，为贯彻落实中共中央《关于深化人才发展体制机制改革的意见》有关精神，按照2020年《人社部组织实施人才服务专项行动》提出的"发布技能人才薪酬分配指引，制定建立健全技能人才工资分配制度"的指导意见，在不打破现薪酬体系、保持内部薪酬的稳定性的前提下，我们建议城投公司引入协议工资制，推动城投公司创新人才高地建设，加强对高级管理与技术人才的激励和保障，吸引和留住高精尖人才。

协议工资制原指事业单位对从事周期性较强、技术含量较高工作的急需紧缺高层次人才，可根据在聘用期内的岗位职责、目标要求，通过双方协商，以协议形式确定收入水平的薪酬管理制度。协议工资根据特殊人才的能力水平、市场价位，综合考虑预期效益及其周期性等因素，由双方协议确定工资水平，经主管部门同意后实施，并报同级人力资源社会保障部门备案。协议需明确特殊人才的责任和目标任务、考核方式及奖惩等相关内容，期限一般一至三年。参照以上规则，城投公司协议工资制适用于集团及子公司正式聘用的特殊人才。

本文以城投公司为视角，探讨特殊人才范畴及管理方式、协议工资薪酬结构、薪酬水平、福利、绩效考核办法等内容，为城投公司特殊人才的薪酬管理提供解决思路。

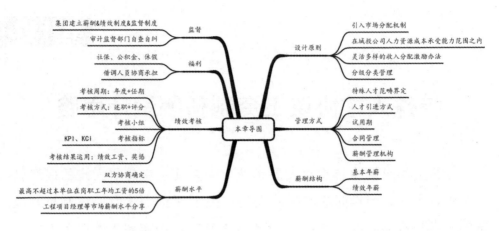

图 18 本章导图

一、协议工资制设计原则

坚持效率优先，兼顾公平原则。在相关政策指引下，引入市场分配机制，合理确定特殊人才待遇水平，妥善处理特殊人才与其他工作人员之间的收入分配关系。

坚持量力而行与可持续发展相结合原则。统筹兼顾，在城投公司人力资源成本承受能力范围之内，合理确定薪酬水平，并考虑市场发展规律，设置薪酬增长曲线，稳步推进改革。

坚持灵活有效的分配形式。根据城投公司特殊人才特点和承担任务情况，采取灵活多样的收入分配激励办法，增强激励的针对性、实效性。

坚持分级分类管理。充分发挥地方政府和监管部门主导作用，强化集团及子公司在特殊人才吸引、培养和使用中的主体责任，完善特殊人才收入分配管理体制机制，充分调动特殊人才积极性。

二、特殊人才管理方式

（一）特殊人才范畴

特殊人才指城投公司特别需要、本地人才市场招聘非常困难或招聘不到、具有特殊管理水平和丰富实践经验、需要以高于本公司规定薪资才能招聘到的人员，如战略规划人才、创新型市场营销人才、投融资运作人才、富有经验的工程项目技术人才、碳规划等稀缺人才等。

值得注意的是，特殊人才中经申报认定属于高层次人才的，优先适用《国家高层次人才特殊支持计划管理办法》（组通字〔2017〕9号），或地方政府和监管部门发布的认定标准、补贴政策、支持办法等；属于高技能领军人才的，可探索实行年薪制，参照《人力资源社会保障部办公厅关于印发〈技能人才薪酬分配指引〉的通知》（人社厅发〔2021〕7号）第四章"高技能领军人才薪酬待遇制度设计"规定执行。

（二）人才引进方式

城投公司特殊人才招聘计划一般由用人部门提出书面申请、说明原因，报人力资源部初审。人力资源部根据当前人员实际状况、年度用工计划等综合情况，经公司内部三会一层审批后，通过官网、公众号、第三方招聘机构等渠道公开发布，亦可通过内部推荐的方式引进人才。

人力资源部负责组织实施招聘事宜，其余各部门应积极配合，以利于引进优秀人才工作的顺利进行。特殊人才应聘时应提供本人简历、学历和学位证书、任职资格证书复印件、重要社会兼职等资料，由人力资源部对应聘人才进行初步考察界定，对符合条件的特殊人才，进入面试程序。

关于面试小组，我们建议由城投公司主要负责人、国资部门纪检或监察委员、人社部门相关负责人、人力资源部负责人等多方组成，全面考评特殊人才的综合能力。对于符合要求的特殊人才，执行对外公示程序。特殊人才正式入职后，各分管领导和职能部门依照特殊人才薪酬管理办法落实相关福利及待遇。

（三）试用期管理

城投公司引进特殊人才，试用期建议两个月。试用期间工资标准可按所在部门正职的工资标准进行预发，试用期满后由分管副总具体提出考评意见，报公司领导班子进行审议。特殊人才经考评审议合格的，与公司签订三年劳动合同，并补发试用期间工资；若不合格公司不予录用。特殊情况下，经董事长批准可直接录用。

（四）合同管理

对于实行协议工资制的特殊人才，城投公司应与其签订书面协议，该协议应包括但不限于以下内容：任职公司、具体职务及岗位、办公地点、工资标准、聘用期限、工资发放方式、福利、考核办法、违约条例等。执行协议工资的特殊人才，不得在本单位和外单位再领取其他工资性收入。城投公司须将书面协议报上级监管部门备案。

城投公司引进的特殊人才应遵守公司各项规章制度，按在岗职工管理办法统一管理。人力资源部可向特殊人才定期了解工作情况，引进的特殊人才要向分管副总或主管部门定期提交工作报告，汇报工作进展，并接受纪检或审计部门监督。

（五）薪酬管理机构

城投公司董事会是特殊人才薪酬管理的决策机构，负责审批特殊人才的引进、薪酬支付方案、绩效考核目标设定、绩效考核运用、聘用合同及续签等决策事宜。

薪酬与考核委员会审查特殊人才的履行职责情况并对其进行年度绩效考评；负责对特殊人才薪酬制度执行情况进行监督。

人力资源部负责特殊人才日常管理工作，主要职责如下：

1. 拟定相关人才薪酬管理制度。

2. 调研相关人才市场薪酬水平，并向董事会汇报。

3. 制订相关绩效考核管理制度。

4. 统计考核期内的考核指标完成情况。

三、薪酬结构

按照为岗位付酬、为绩效付酬的付酬原则，特殊人才薪酬结构可由体现岗位价值的岗位工资单元和体现绩效贡献的绩效工资单元等组成。为保障特殊人才基本生活，城投公司可结合实际增加设置体现保障基本生活的基础工资单元和体现员工历史贡献积累的工龄工资单元。

综合来说，协议工资由基本年薪和绩效年薪两部分构成。其中，基本年薪体现岗位职责、承担任务和工作量，涵盖保障基本生活的基础工资单元和体现员工历史贡献积累的工龄工资单元；绩效年薪体现工作业绩和实际贡献，包括年度绩效工资和任期绩效工资，与业绩考核结果相关联。

根据当前国企改革及薪酬改革中，绩效工资占工资总额比例向50%靠近的趋势，建议特殊人才基本年薪为全部收入的30%，绩效工资为全部收入的70%，其中年度绩效工资以全部收入的40%为基数，任期绩效工资以年度全部收入的 30％为基数，逐年累计与具体比例根据实际情况调整。未通过试用期绩效考核的，不能领取绩效工资。

集团公司的下属子公司可根据机构性质、主营业务特点适当调整基本年薪和绩效年薪的组成比例。

特殊人才年度基本薪酬按月支付；年度绩效工资根据个人的年度绩效考核结果支付：年度绩效工资＝年度绩效工资总额×年度绩效工资系数。

四、薪酬水平

特殊人才不参与职等职级定薪和调薪，薪酬水平的确定考虑从事工作的类型、人才的稀缺性、劳动力市场的供求状况、地区物价水平、企业实际的经营状况等多种因素，一般以市场价格为基础，由双方协商确定工资标准，并同步明确薪酬支付方式、调升依据、考核办法等。

具体来说，特殊人才年度薪酬总额的确定，可对标同类企业同级别岗位薪酬，综合考虑特殊人才的知识价值、岗位职责、业绩贡献和考核评价结果等因素，由城投公司领导班子集体研究确定数额范围。原则上，协议工资水平最高不超过本单位在岗职工年均工资的 5 倍；对于特别优秀的科技人才，协议工资水平确需突破 5 倍的，须经本单位领导班子集体研究审定，报上级部门审批/备案后执行。

特殊人才任期内，薪酬总额原则上不予调整，但如果影响薪酬的各项因素在任期内有重大变化，城投公司应根据实际情况重新核定。

特殊人才中，对掌握关键操作技能、代表专业技能较高水平、能够组织技改攻关项目的，其薪酬水平可达到工程技术类人员的较高薪酬水平，或者相当于中层管理岗位薪酬水平；行业佼佼者薪酬待遇可与工程技术类高层级专家级别和企业高层管理岗的薪酬水平相当。

由于特殊人才大多处于专业前沿并且在相关领域具有较高影响，

其薪酬水平的确定多参考市场水平。基于城投公司属性和主营业务，我们对标多元化业务集团公司，整理了风控经理、融资经理、工程项目经理三个岗位的薪酬概况，包括不同从业年限、不同行业平均年薪，并将国有企业与其他类型企业平均年薪进行对照比较，相关数据情况展示如下：

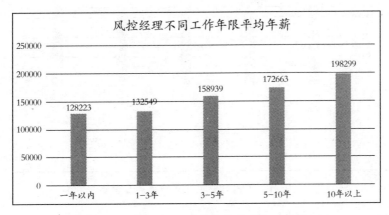

图 19　风控经理不同工作年限平均工资图

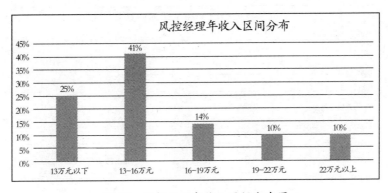

图 20　风控经理年收入区间分布图

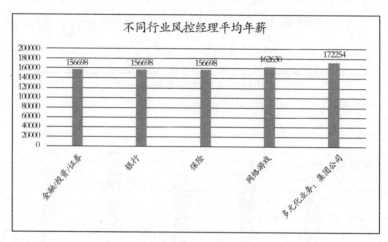

图 21　不同行业风控经理平均年薪图

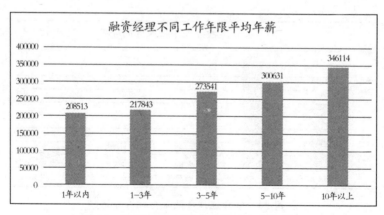

图 22　融资经理不同工作年限平均年薪图

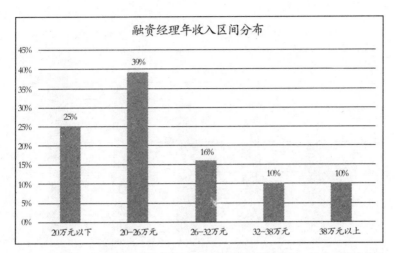

图 23 融资经理年收入区间分布图

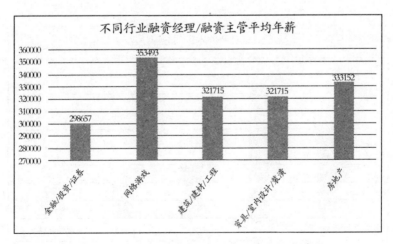

图 24 不同行业融资经理/融资主管平均年薪图

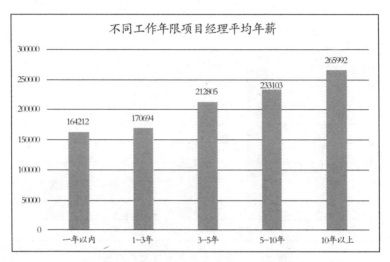

图 25　不同工作年限项目经理平均年薪图

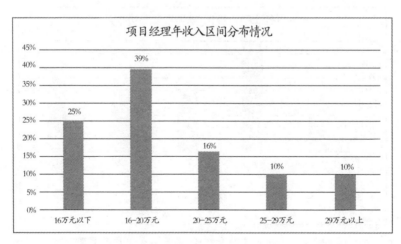

图 26　项目经理年收入区间分布图

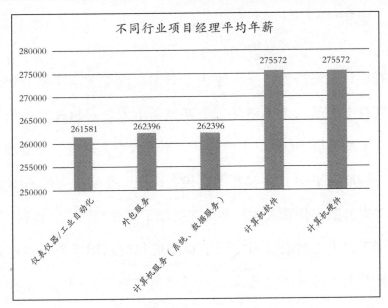

图 27　不同行业项目经理平均年薪图

五、绩效考核

城投公司应建立适合特殊人才特点的绩效考核制度。

绩效考核可采用特殊人才集中述职、考评小组现场评分的方式。

考核周期由城投公司确定，一般以年为单位，并与特殊人才任期保持一致。

考评小组应包括城投公司董事长、总经理、特殊人才的分管领导、人力资源部门负责人、特殊人才所任职部门内部员工等；考核内容包括特殊人才关键业绩指标/任务完成情况、综合考评、员工满意度等，对特殊人才进行全方位综合考评。

绩效考核结果运用于特殊人才绩效工资计发与奖惩。

六、福利

实行协议工资制的特殊人才正常参加在岗职工基本养老保险、公积金，协议工资纳入个人缴费工资基数；个人工资超过本单位上年度在岗职工平均工资300％以上的部分，不计入个人缴费工资基数；低于本单位在岗职工平均工资60％的，按在岗职工平均工资的60％计算个人缴费工资基数。特殊人才与其他在岗职工享受相同休假福利。

实际工作中，城投公司常因工作需要临时从同级单位借调特殊人才，此种情况下特殊人才劳动关系仍保留在原单位的，缴纳社保所需资金由临时聘用单位与借出单位协商解决。

七、监督

集团公司要建立和完善特殊人才薪酬管理办法、绩效考核办法，强化考核评价结果的使用，充分发挥收入分配激励作用；要建立和完善特殊人才收入分配激励事中事后监管机制，加强监督检查。

审计监督部门要通过内部自查、不定期随机抽查等方式，及时解决特殊人才收入分配激励工作中存在的问题；对未能按规定履行相关义务的，应及时调整或停发相关待遇，对违纪违规人员要按有关规定及时处理；对子公司特殊人才因监管不到位造成"吃空饷"、滥发津贴补贴等问题或造成不良社会影响的，根据有关规定追究相关部门、单位和人员责任。

人社部在《技能人才薪酬分配指引》中提出：各地区要高度重视

提高技能人才工资待遇，加强对企业工资分配的指导和服务，抓好宣传培训，推广典型经验。城投公司在新一轮国企改革中，应结合企业用人需求，以尊重人才价值、强化职责意识、注重激励效果为原则，建立以体现知识价值、重大成果产出、业绩贡献为导向的特殊人才考核评价和薪酬分配机制，凝聚和稳定特殊人才，推动培养造就一支高素质技能人才队伍，为城投公司高质量发展提供智力支持。

第九章

福利待遇管理情况

福利待遇是公司在工资和奖金等劳动报酬之外给予员工的报酬，是城投公司薪酬体系的重要组成部分。建立一个良好的福利待遇体系能够增加员工对企业的归属感，从而增加企业的凝聚力。根据《财政部关于企业加强职工福利费财务管理的通知》（财企〔2009〕242 号）、《关于做好国有企业津贴补贴和福利管理工作的通知》（人社部发〔2023〕13 号）等相关规定，结合城投公司管理运营现状，本文对城投公司福利待遇的种类、标准、给付方式进行总结和分享。

一、福利待遇种类

企业职工福利费是指企业为职工提供的除职工工资、奖金、津贴、纳入工资总额管理的补贴、职工教育经费、社会保险费和补充养老保险费（年金）、补充医疗保险费及住房公积金以外的福利待遇支出，包括发放给职工或为职工支付的各项现金补贴和非货币性集体福利。

城投公司应按照国家规定并结合实际情况制定完善福利制度，不断优化调整津贴补贴设置，明确福利项目名称、适用范围、确定程序、发放标准、监督办法等。除国家规定明确要求必须设置的福利项目外，减少一般性津贴补贴设置，鼓励在技术技能和一线艰苦岗位设置科技专项津贴、技能津贴、高温津贴等津贴补贴。

国家规定的福利项目主要包括：

（1）丧葬补助费、抚恤金、独生子女费、职工异地安家费、探亲假路费、防暑降温费、离退休人员统筹外费用等对职工出现特定情形的补偿性福利。

（2）救济困难职工的基金支出或者发放的困难职工补助等对出现特定生活困难职工的救助性福利。

（3）工作服装（非劳动保护性质工服）、体检、职工疗养、自办食堂或无食堂统一供餐等集体福利。

（4）国家规定的其他福利。

除上述四项情形外，企业不得自行设置其他福利项目。

企业为职工提供的交通、住房、通讯待遇，已经实行货币化改革的，按月按标准发放或支付的住房补贴、交通补贴或者撤改补贴、通讯补贴，应当纳入职工工资总额，不再纳入职工福利费管理；尚未实行货币化改革的，企业发生的相关支出作为职工福利费管理，但根据国家有关企业住房制度改革政策的统一规定，不得再为职工购建住房。

二、福利待遇标准

（一）一般标准

城投公司应合理确定福利发放标准：国家对津贴补贴项目水平有明确规定的，按照规定确定项目水平；国家没有明确规定的，应根据项目的功能，参照当地物价水平、同类项目市场水平、社会平均工资，并结合本企业职工工资水平、企业承受力等因素合理确定。企业经济效益下降或亏损的，除国家另有规定外，原则上不得增加福利项目或提高水平，必要时应缩减项目或适当降低水平。

企业不得将本企业产品和服务免费或低价提供职工使用，确实需要的，应按市场价格公平交易。推进货币化福利改革，将取暖费等按人按标准定期发放的货币化福利纳入工资总额管理。除国家另有规定或企业在工资总额内设置津贴补贴外，企业不得以福利或其他名义承担职工个人支出。福利项目支出列入职工福利费管理，其中集体福利设备设施管理经费列入职工福利费管理，但与企业建立劳动关系的集体福利部门职工的工资性收入纳入工资总额管理。工会福利、职工教育经费、社会保险及住房公积金有关费用列支按照国家相关规定管理。

（二）企业负责人标准

对实行年薪制等薪酬制度改革的企业负责人，企业应当将符合国家规定的各项福利性货币补贴纳入薪酬体系统筹管理，发放或支付的福利性货币补贴从其个人应发薪酬中列支。

坚持各地区国有企业负责人薪酬制度改革成果，严格规范企业负责人薪酬待遇，除下列情形外，企业负责人不得以任何名义领取其他货币性收入：

1.国家规定的政府特殊津贴、院士津贴、高新工程津贴、国家科学技术奖等，纳入经批准的评比达标表彰项目按照国家规定给予个人非由企业资金承担的奖金。

2.国家规定的境外工作补贴以及履职待遇、业务支出相关补贴等。参加或承担符合规定的非本单位课题、项目以及参加评审、讲课或写作等所获得的补贴（劳务费）。

3.国家规定的社会保险、住房公积金等待遇和非货币性集体福利。

三、福利待遇给付与列支

国有企业发放福利费，统一纳入工资总额管理并在应付职工薪酬中列支，如按月按标准发放或支付的职称补贴、误餐补贴、住房补贴、交通补贴、通讯补贴等，不得以代金券或按人按标准报销或其他形式在工资总额外列支任何工资性支出。

福利待遇应在本企业薪酬制度中明确，合理确定福利待遇的种类、发放对象、发放条件及金额标准等。不得在薪酬制度以外另立名目发放福利费。

实行年薪制管理的企业负责人不再在企业领取其他福利性货币收入；国有企业负责人的公务用车、通讯补贴等费用，应依据履职待遇、业务支出管理办法执行。

参 考 政 策

[1]《关于改革国有企业工资决定机制的意见》（国发〔2018〕16号）

[2]《企业国有资产监督管理暂行条例》（国务院令第378号（2019年修订版））

[3]《中央企业负责人薪酬管理暂行办法》（国资发分配〔2004〕227号）

[4]《山东省企业国有资产监督管理条例》（山东省人大常委会公告第101号）

[5]《山东省省管企业负责人薪酬管理暂行办法》（鲁国资分配〔2005〕5号）

[6]《国有科技型企业股权和分红激励暂行办法》（财资〔2016〕4号）

[7]《关于扩大国有科技型企业股权和分红激励暂行办法实施范围等有关事项的通知》（财资〔2018〕54号）

[8]《关于做好中央科技型企业股权和分红激励工作的通知》（国资发分配〔2016〕274号）

[9]《中央科技型企业实施分红激励工作指引》（国资厅发考分〔2017〕47）

[10]《国务院国有企业改革领导小组办公室关于支持鼓励企业进一步加大改革创新力度有关事项的通知》（国资改办〔2019〕302号）

[11]《关于印发〈百户科技型企业深化市场化改革提升自主创新能力专项行动方案〉的通知》（国企改办发〔2019〕2号）

[12]《"双百企业"和"科改示范企业"超额利润分享机制操作指引》

[13]《关于深化中央管理企业负责人薪酬制度改革的意见》（中发〔2014〕12号）

[14]《企业国有资产监督管理暂行条例（2019修订）》（中华人民共和

国国务院令第 709 号）

[15]《国务院关于改革国有企业工资决定机制的意见》（国发〔2018〕16 号）

[16]《中央企业专职外部董事薪酬管理暂行办法》（国资发考分〔2017〕193 号）

[17]《中华全国总工会关于加强公司制企业职工董事制度、职工监事制度建设的意见》（总工发〔2016〕33 号）

[18]《国有企业领导人员廉洁从业若干规定》（中办发〔2009〕26 号）

[19]《中央企业合规管理办法》（国务院国有资产监督管理委员会令第42 号）

[20]《董事会试点中央企业高级管理人员薪酬管理指导意见》（国资发分配〔2009〕55 号）

[21]《江西省国资委出资监管企业内设监事会监事薪酬管理暂行办法》（赣国资考核字〔2019〕205 号）

[22]《山东省国资委关于进一步规范外部董事、财务总监和外派监事薪酬管理的通知》（鲁国资考核字〔2013〕50 号）

[23]《山东省省管企业负责人薪酬管理暂行办法》（鲁国资分配〔2005〕5 号）

[24]《关于深化人才发展体制机制改革的意见》（中发〔2016〕9 号）

[25]《人社部组织实施人才服务专项行动》

[26]《中国科学院人事局关于实施特殊人才协议工资的意见》（人字〔2017〕30 号）

[27]《人力资源社会保障部办公厅关于印发〈技能人才薪酬分配指引〉的通知》（人社厅发〔2021〕7 号）

[28]《违规发放津贴补贴行为处分规定》（中华人民共和国监察部、中华人民共和国人力资源和社会保障部、中华人民共和国财政部、中华人民共和国审计署令第 31 号）

[29]《山东省人力资源和社会保障厅等 4 部门关于转发人社部规〔2016〕6 号文件在全省建立机关事业单位防治"吃空饷"问题长效机制的通知》(鲁人社发〔2017〕12 号)

[30]《中共教育部党组关于加快直属高校高层次人才发展的指导意见》(教党〔2017〕40 号)

[31]《国家高层次人才特殊支持计划》(中组发〔2012〕12 号)

[32]《国家高层次人才特殊支持计划管理办法》(组通字〔2017〕9 号)

[33]《关于做好国有企业津贴补贴和福利管理工作的通知》(人社部发〔2023〕13 号)

附　录

附件 1　集团简介

中国城望控股集团有限公司是一家专注于城市发展投融资领域，集金融服务、政府智库、咨询顾问为一体的综合服务商。是世界银行、亚洲发展银行注册咨询公司，具有私募债承销、资产管理、商业保理、融资租赁、产业基金、股权投资等相关资质。集团下辖南京城望投资管理有限公司、望悦咨询有限公司、齐鲁数字经济研究院（山东）有限公司、海南城望数据科技有限公司、山东城望融资租赁有限公司、山东城望股权投资基金管理有限公司、济南启盛商业保理有限公司、山东云格数字科技有限公司、山东城望碳排放管理有限公司等成员单位。集团目前拥有十多项行业核心版权专利，分别是：《中国城投数据库系统》《城市投融资体制改革及政府决策支持系统》《县域投融资及平台整合驱动系统》《城望城投公司市场化薪酬体系 4S 模型构建系统软件》《城望平台公司可持续发展全域流程化内部管控整合系统软件》《国企运营绩效评价智能模型搭建系统》《政府投融资风险分析软件》《数字政务平台构造系统》《财政支出绩效评价矩阵建模系统》《基金投资服务管理平台》《政服通管理服务系统》《乡村振兴"一县一业"产业链对接数据库服务系统》。

附件 2　过往业绩及优势

近些年来，集团及旗下公司已先后为中国-马来西亚国际产业园、青岛市、宿州市、镇江市、德州市、连云港市、日照市、上饶市、十堰市、泰安市、兴安盟、随州市、乌兰察布市、安顺市、高密市、新泰市、义马市、临汾市经开区、烟台市高新区、菏泽市高新区、桓台县、宁阳县、临邑县、镇宁县等地近百家客户完成包括《投融资体制改革》《平台转型战略规划》《国企五年战略规划及三年改革行动计划》《资产整合重组》《国有资产统一监管》《开发区体制改革》《财政支出绩效评价》《产业园区招商》《集团组建》《人力资源规划》《内部管控》《绩效薪酬》《债券发行及代销》《定向融资计划私募产品》《产业基金》等服务。公司及高管亦被河南省宁陵县人民政府、山东省临邑县人民政府、德州市陵城区国资局、德州市陵城区住建局、山东东阿经济开发区、聊城鲁西经济开发区、吕梁市石楼财政局、江苏洪泽湖建投集团、临清国有资产经营公司、宁津惠宁投资集团、茌平土储集团、聊城高新控股集团、山东宏达城发集团、贵州镇宁城投等多家政府及平台公司常年顾问。同时公司已经为山东、江苏、湖南、四川、河南、安徽、贵州、湖北、内蒙古等全国各地平台公司募集资金累计超过 500 亿元。

城望集团公司常年服务于全国城投协会、江西省城投协会、安徽省城投协会等相关城投组织。2020 年曾受江西城投协会委托，出版书籍《走进赣鄱大地——江西省城投平台专题调研暨十四五转型发展报告》。集团公司下辖的城投研究院每月均会对当月跟城投公司相关的新政和资讯进行梳理和解读，也会定期出版跟行业发展相关的专业书籍和城投内参。

1. 书刊及内参

城投内参

内部资料
领导参阅

中国城望控股集团有限公司 主管

南京城望投资管理有限公司 出品

2021年第01期（总第39期）

要 目

本期关注：

乡村振兴战略背景、政策、实施方式

城投内参

内部资料
领导参阅

中国城望控股集团有限公司 主管

南京城望投资管理有限公司 出品

2023年第01期（总第41期）

要 目

本期关注：

地方国有企业薪酬改革经验介绍
——从顶层设计到蒂地实施

城投内参

内部资料
领导参阅

2023年第02期（总第42期）

中国城望控股集团有限公司 主管

南京城望投资管理有限公司 出品

要目

城投内参

内部资料
领导参阅

2023年第03期（总第43期）

中国城望控股集团有限公司 主管

南京城望投资管理有限公司 出品

要目

城投内参

内部资料
领导参阅

2023年第04期（总第44期）

中国城望控股集团有限公司 主管

南京城望投资管理有限公司 出品

要目

城投内参

内部资料
领导参阅

2024年第01期（总第45期）

中国城望控股集团有限公司 主管

南京城望投资管理有限公司 出品

要目

2. 咨询服务聘书

附件3 智库服务产品清单

智库服务产品清单

一、国企改革类

【001】转型发展战略规划

【002】资产重组及评级优化

【003】投融资规划

【004】国企市场化项目设计及运营

【005】常年顾问

【006】区域平台公司整合发展

【007】PPP 咨询、实施

二、内部管控类

【008】集团组建

【009】集团管控

【010】内部管控

【011】业务流程策划

【012】人力资源规划

【013】绩效考核编制

【014】薪酬方案编制

三、政府决策类

【015】地方政府投融资体制改革

【016】国有资产统一监管及国企改革

【017】开发区投融资规划及体制改革

【018】招商引资及项目落地

【019】政府职能部门绩效改革及规划

四、融资实操类

【020】债券发行及投资

【021】政府引导基金

【022】不良资产盘活

【023】私募基金

【024】债权融资

附件 4　资质与荣誉

企业信用等级证书

中华人民共和国企业征信业务经营备案证：10007

证书编号：GJ2023XY0301007（1-1）

兹评定

南京城望投资管理有限公司

企业信用等级为

AAA 级

签发日期：2023年03月01日　有效期至：2026年02月28日

公示地址：www.creditchina315.com（中国企业信用信息网）
www.guanjiess.com（冠捷时速信用官网）
lxzx.credit315gov.com（企业诚信公共服务平台）

北京冠捷时速信用管理有限责任公司

行业诚信单位等级证书

中华人民共和国企业征信业务经营备案证：10007

证书编号：GJ2023XY0301007（1-2）

兹评定

南京城望投资管理有限公司

商务服务行业AAA级诚信单位

签发日期：2023年03月01日　有效期至：2026年02月28日

公示地址：www.creditchina315.com（中国企业信用信息网）
www.guanjiess.com（冠捷时速信用官网）
lxzx.credit315gov.com（企业诚信公共服务平台）

北京冠捷时速信用管理有限责任公司

诚信企业家证书

中华人民共和国企业征信业务经营备案证：10007

证书编号：GJ2023XY0301007（1-3）

兹评定

南京城望投资管理有限公司

王广庆　诚信企业家

签发日期：2023年03月01日　有效期至：2026年02月28日

公示地址：www.creditchina315.com（中国企业信用信息网）
www.guanjiess.com（冠捷时速信用官网）
lxzx.credit315gov.com（企业诚信公共服务平台）

备案和监管机构：　感谢您对公益事业的支持
中国人民银行　点点爱公益联盟
THE PEOPLE'S BANK OF CHINA　LITTLE LOVE PHILANTHROPY ALLIANCE

证书专用章

北京冠捷时速信用管理有限责任公司

立信单位证书

中华人民共和国企业征信业务经营备案证：10007

证书编号：GJ2023XY0301007（1-4）

兹评定

南京城望投资管理有限公司

AAA 级 立信单位

签发日期：2023年03月01日　有效期至：2026年02月28日

公示地址：www.creditchina315.com（中国企业信用信息网）
www.guanjiess.com（冠捷时速信用官网）
lxzx.credit315gov.com（企业诚信公共服务平台）

备案和监管机构：　感谢您对公益事业的支持
中国人民银行　点点爱公益联盟
THE PEOPLE'S BANK OF CHINA　LITTLE LOVE PHILANTHROPY ALLIANCE

证书专用章

北京冠捷时速信用管理有限责任公司

诚信职业经理人证书

中华人民共和国企业征信业务经营备案证：10007

证书编号：GJ2023XY0301007（1-5）

兹评定

南京城望投资管理有限公司

王广庆　诚信职业经理人

签发日期：2023年03月01日　有效期至：2026年02月28日

公示地址：www.creditchina315.com（中国企业信用信息网）
www.guanjiess.com（冠捷时速信用官网）
lxzx.credit315gov.com（企业诚信公共服务平台）

备案和监管机构：　感谢您对公益事业的支持
中国人民银行　点点爱公益联盟
THE PEOPLE'S BANK OF CHINA　LITTLE LOVE PHILANTHROPY ALLIANCE

证书专用章

北京冠捷时速信用管理有限责任公司

资信等级证书

中华人民共和国企业征信业务经营备案证：10007

证书编号：GJ2023XY0301007（1-6）

兹评定

南京城望投资管理有限公司

资信等级为

AAA 级

签发日期：2023年03月01日　有效期至：2026年02月28日

公示地址：www.creditchina315.com（中国企业信用信息网）
www.guanjiess.com（冠捷时速信用官网）
lxzx.credit315gov.com（企业诚信公共服务平台）

备案和监管机构：　感谢您对公益事业的支持
中国人民银行　点点爱公益联盟
THE PEOPLE'S BANK OF CHINA　LITTLE LOVE PHILANTHROPY ALLIANCE

证书专用章

北京冠捷时速信用管理有限责任公司

诚信供应商等级证书

中华人民共和国企业征信业务经营备案证：10007

证书编号：GJ2023XY0301007（1-7）

兹评定

南京城望投资管理有限公司

AAA 级 诚信供应商

签发日期：2023年03月01日　　有效期至：2026年02月28日

公示地址：www.creditchina315.com（中国企业信用信息网）
www.guanjiess.com（冠捷时速信用官网）
lxzx.credit315gov.com（企业诚信公共服务平台）

备案和监管机构：　　感谢您对公益事业的支持

 中国人民银行
THE PEOPLE'S BANK OF CHINA　点点爱心公益联盟
LITTLE LOVE PHILANTHROPY ALLIANCE

证书专用章

北京冠捷时速信用管理有限责任公司

诚信经营示范单位证书

中华人民共和国企业征信业务经营备案证：10007

证书编号：GJ2023XY0301007（1-8）

兹评定

南京城望投资管理有限公司

AAA 级 诚信经营示范单位

签发日期：2023年03月01日　　有效期至：2026年02月28日

公示地址：www.creditchina315.com（中国企业信用信息网）
www.guanjiess.com（冠捷时速信用官网）
lxzx.credit315gov.com（企业诚信公共服务平台）

备案和监管机构：　　感谢您对公益事业的支持

 中国人民银行
THE PEOPLE'S BANK OF CHINA　点点爱心公益联盟
LITTLE LOVE PHILANTHROPY ALLIANCE

证书专用章

北京冠捷时速信用管理有限责任公司

重合同守信用企业证书

中华人民共和国企业征信业务经营备案证：10007

证书编号：GJ2023XY0301007（1-9）

兹评定

南京城望投资管理有限公司

AAA 级 重合同守信用企业

签发日期：2023年03月01日　　有效期至：2026年02月28日

公示地址：www.creditchina315.com（中国企业信用信息网）
www.guanjiess.com（冠捷时速信用官网）
lxzx.credit315gov.com（企业诚信公共服务平台）

备案和监管机构：　　感谢您对公益事业的支持

  中国人民银行
THE PEOPLE'S BANK OF CHINA　点点爱心公益联盟
LITTLE LOVE PHILANTHROPY ALLIANCE

证书专用章

北京冠捷时速信用管理有限责任公司

质量、服务诚信单位证书

中华人民共和国企业征信业务经营备案证：10007

证书编号：GJ2023XY0301007（1-10）

兹评定

南京城望投资管理有限公司

AAA 级 质量、服务诚信单位

签发日期：2023年03月01日　　有效期至：2026年02月28日

公示地址：www.creditchina315.com（中国企业信用信息网）
www.guanjiess.com（冠捷时速信用官网）
lxzx.credit315gov.com（企业诚信公共服务平台）

备案和监管机构：　　感谢您对公益事业的支持

 中国人民银行
THE PEOPLE'S BANK OF CHINA　点点爱心公益联盟
LITTLE LOVE PHILANTHROPY ALLIANCE

 证书专用章

北京冠捷时速信用管理有限责任公司